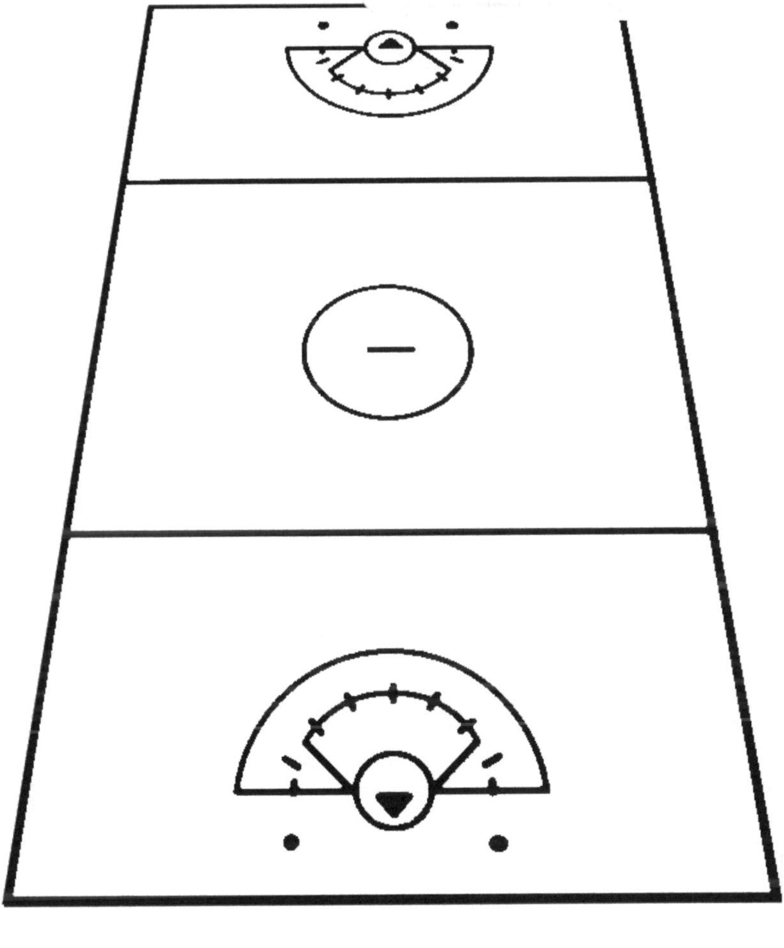

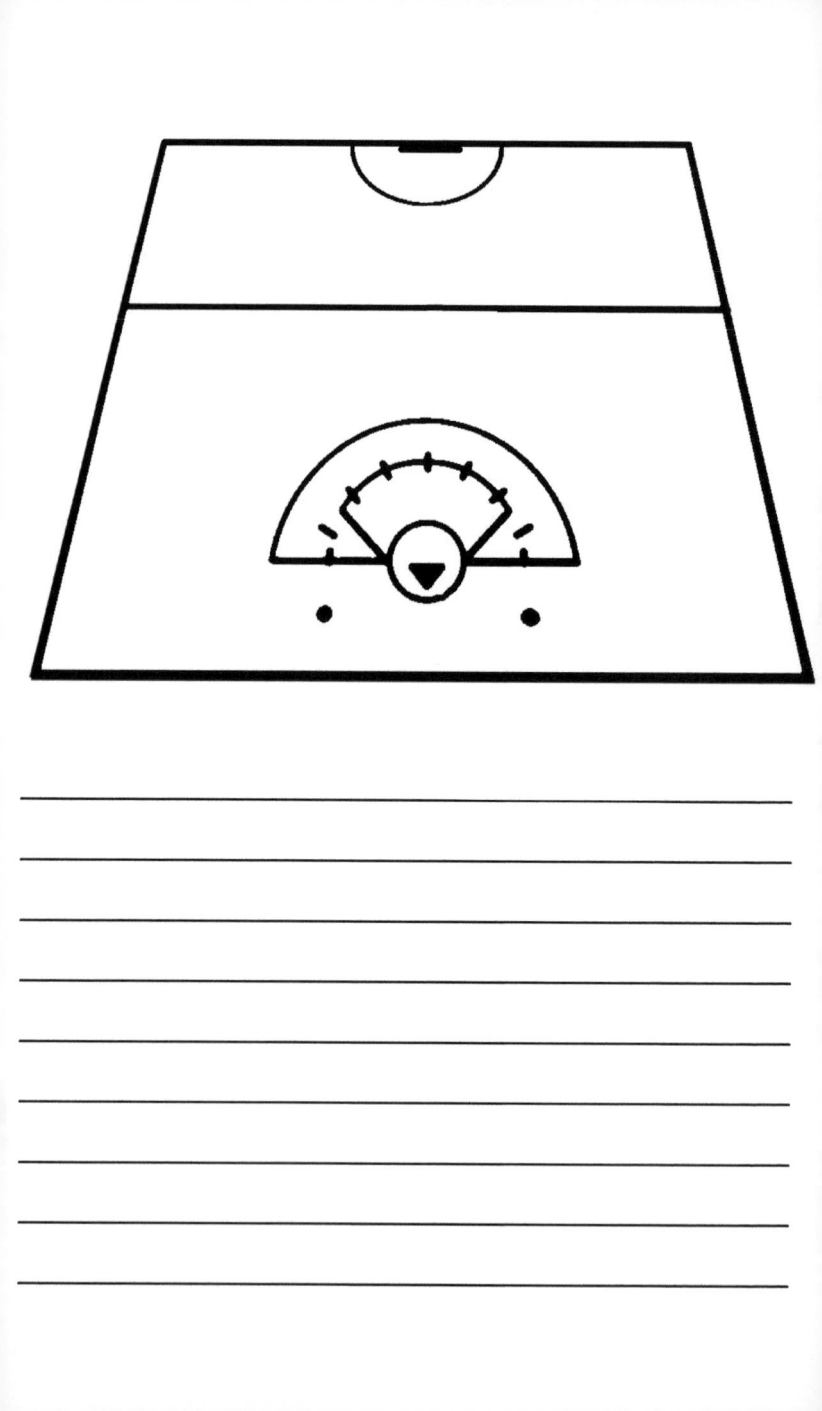

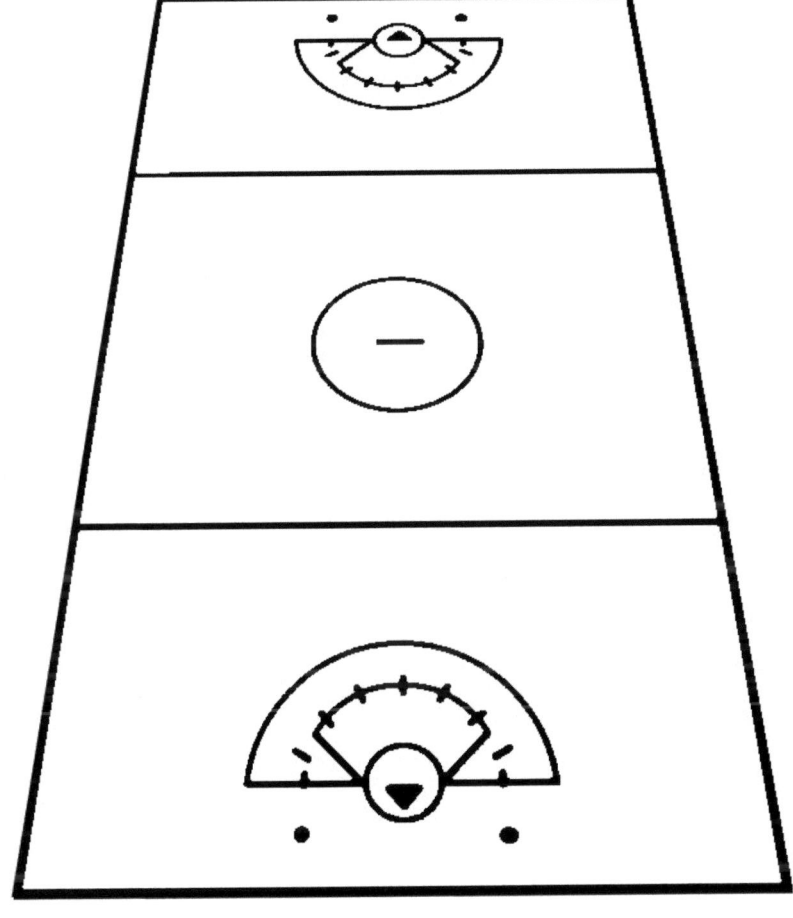

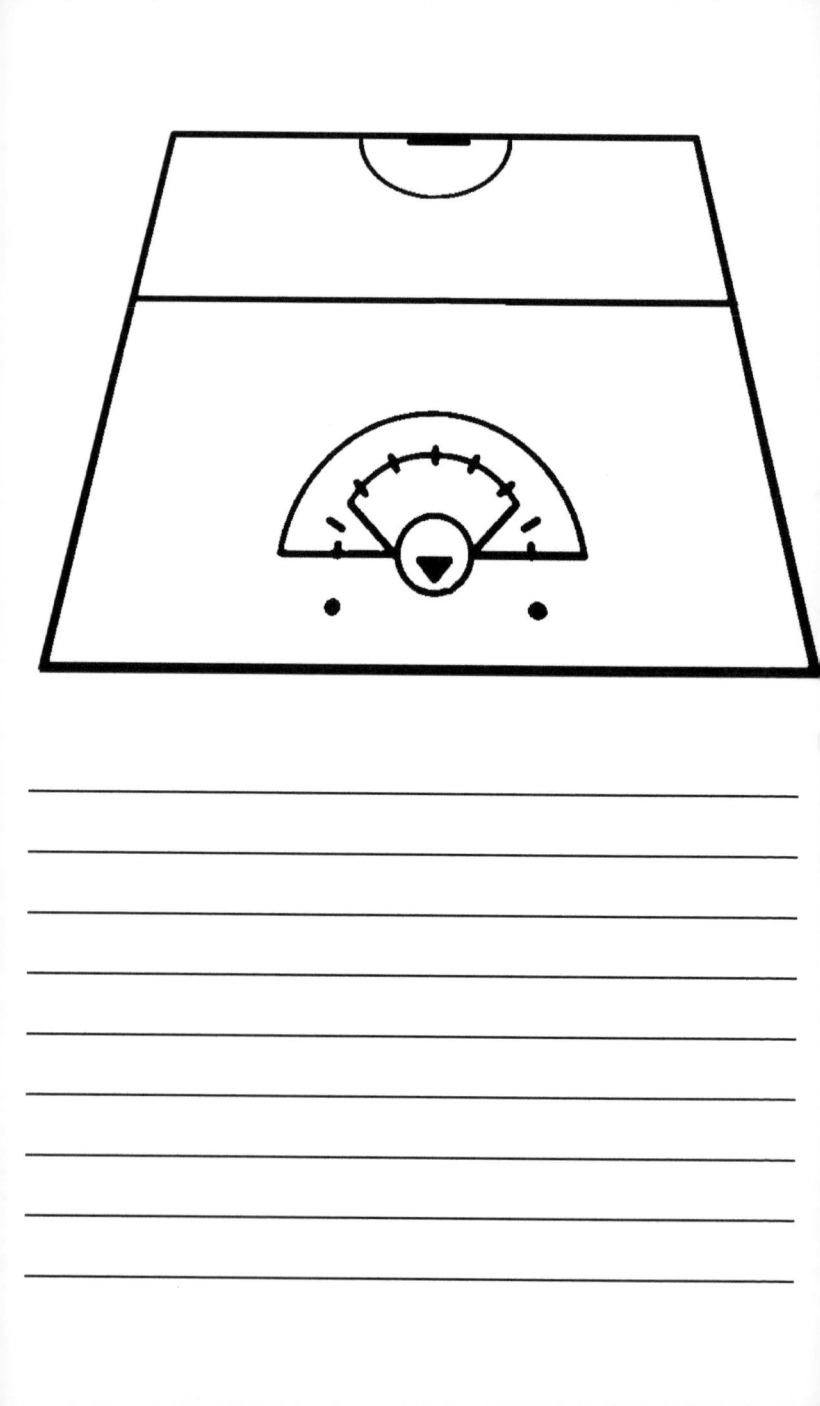

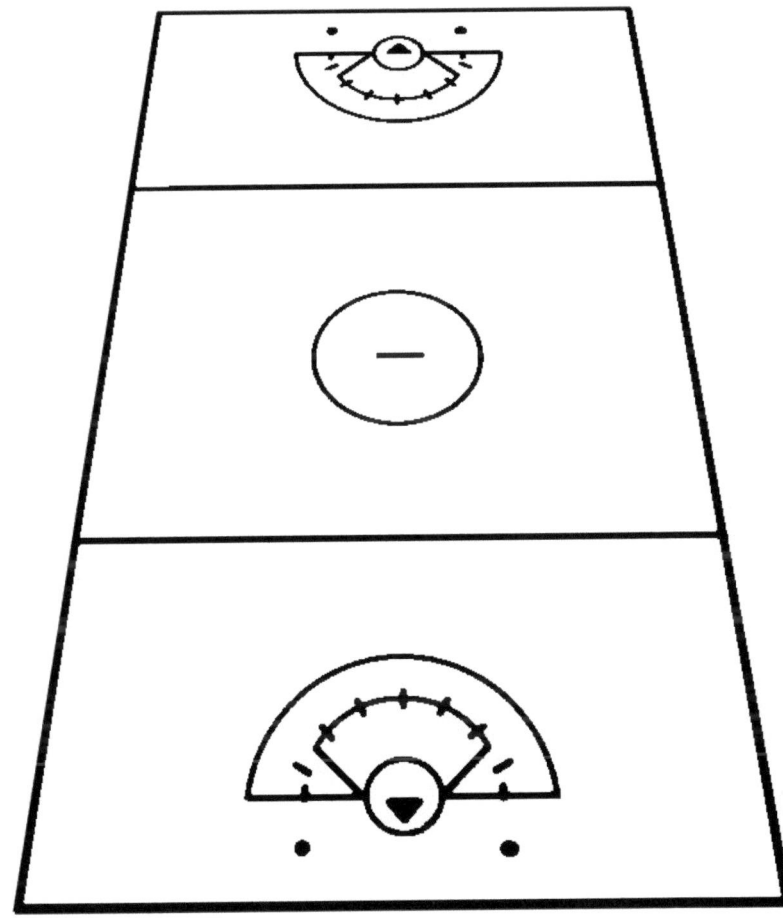

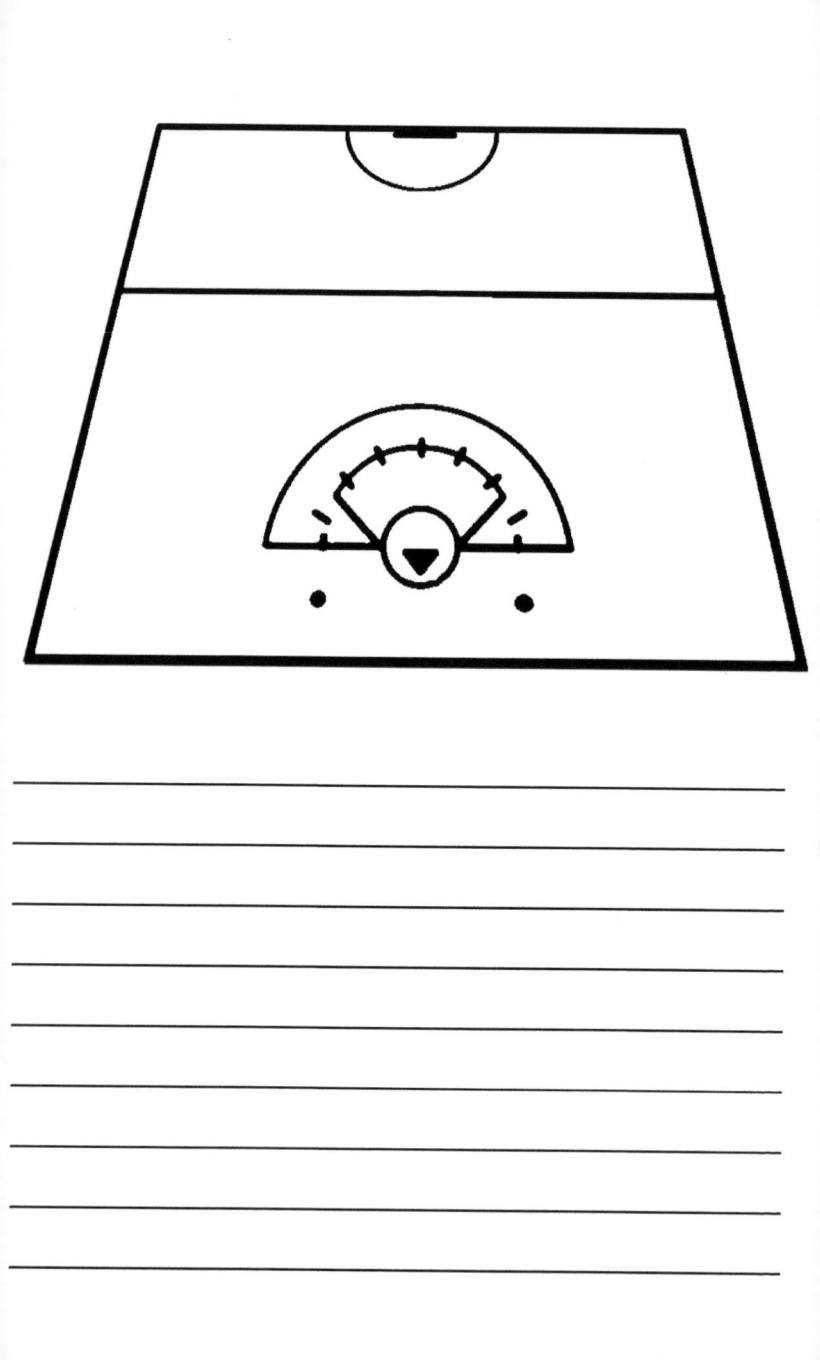

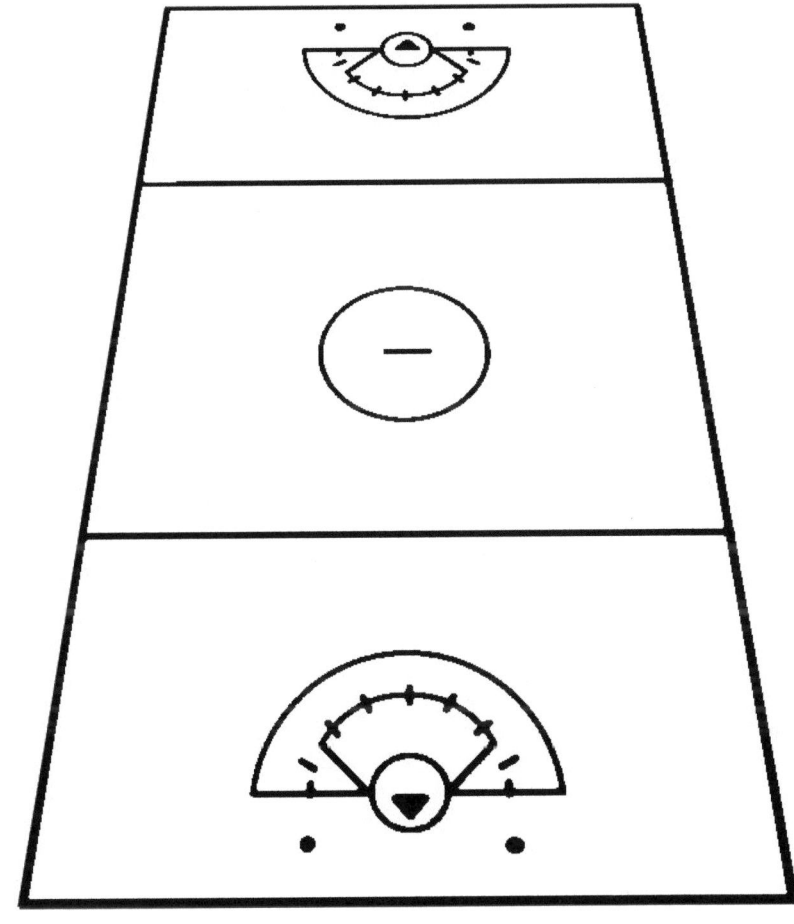

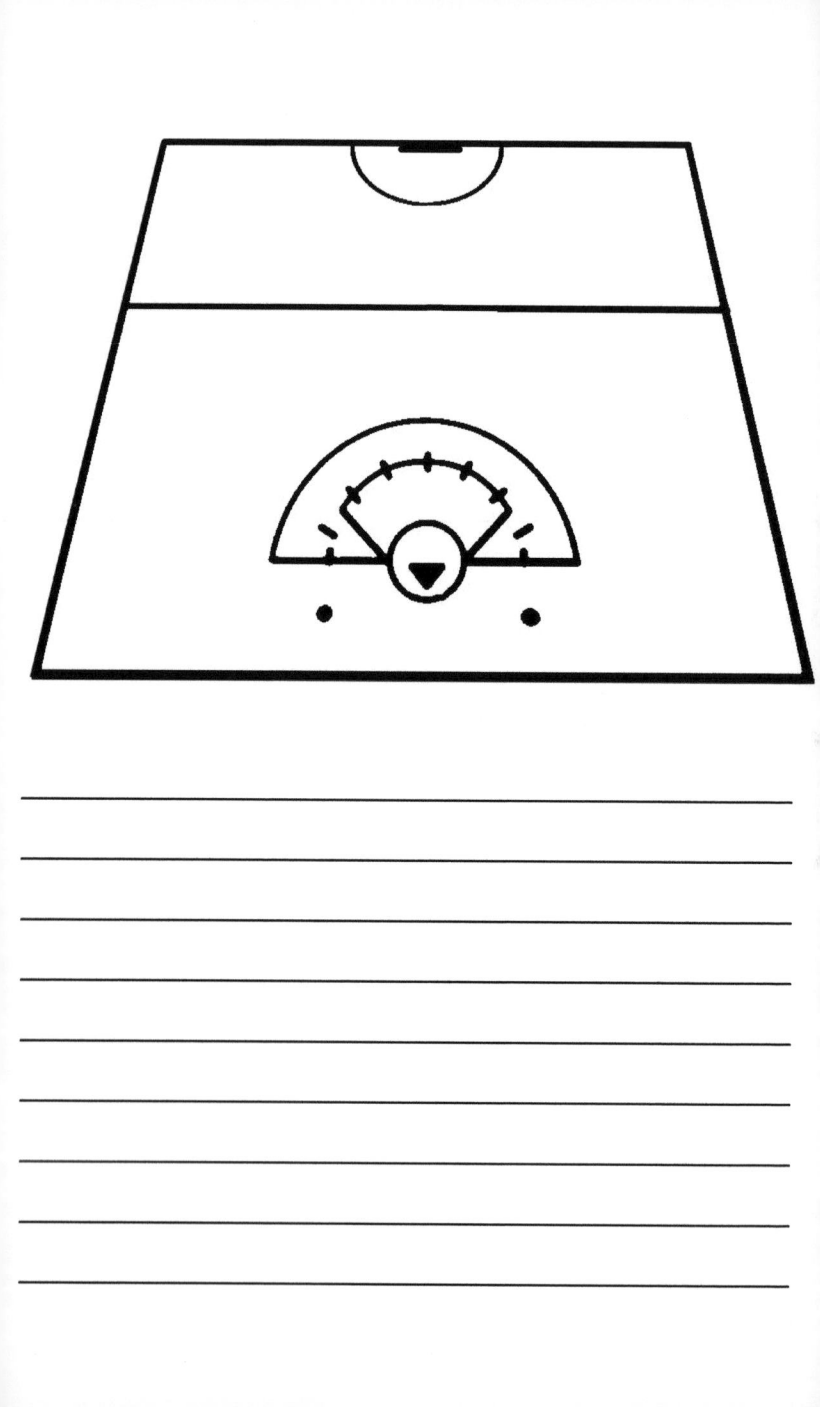

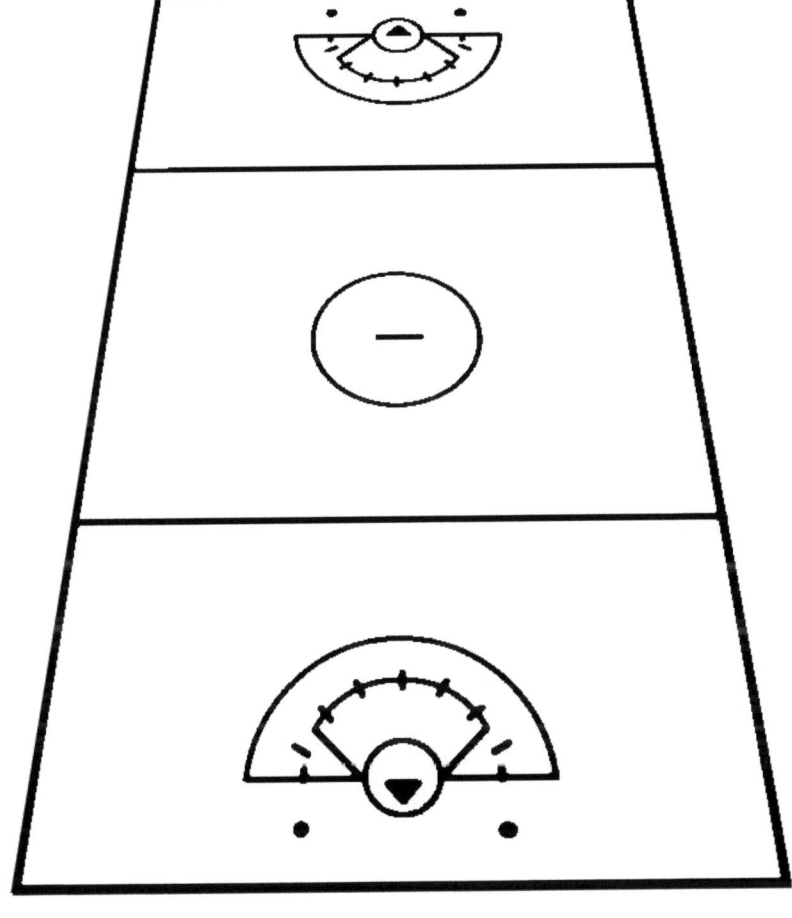

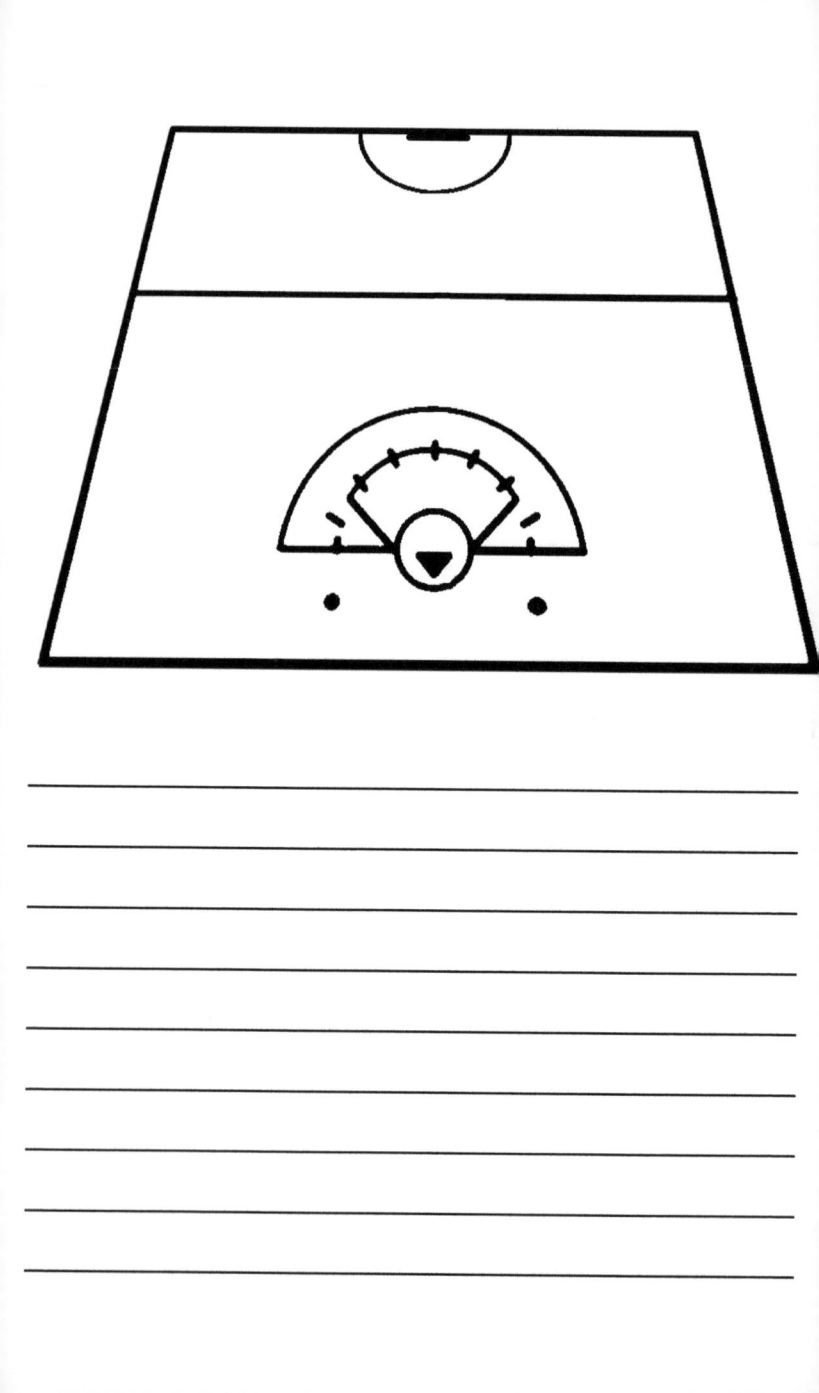

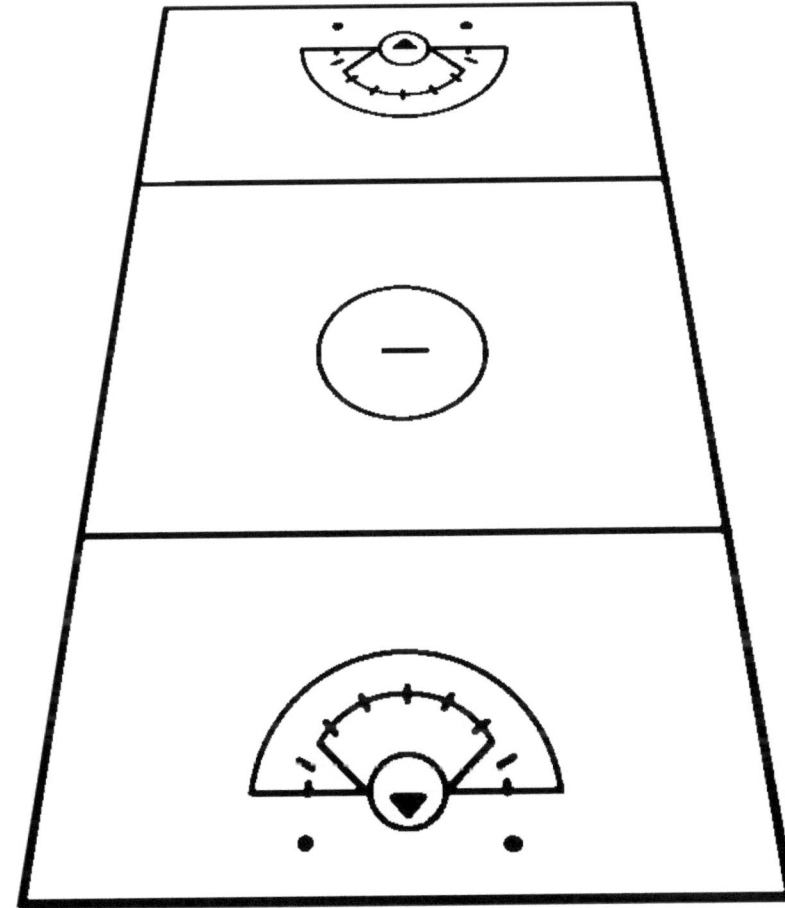

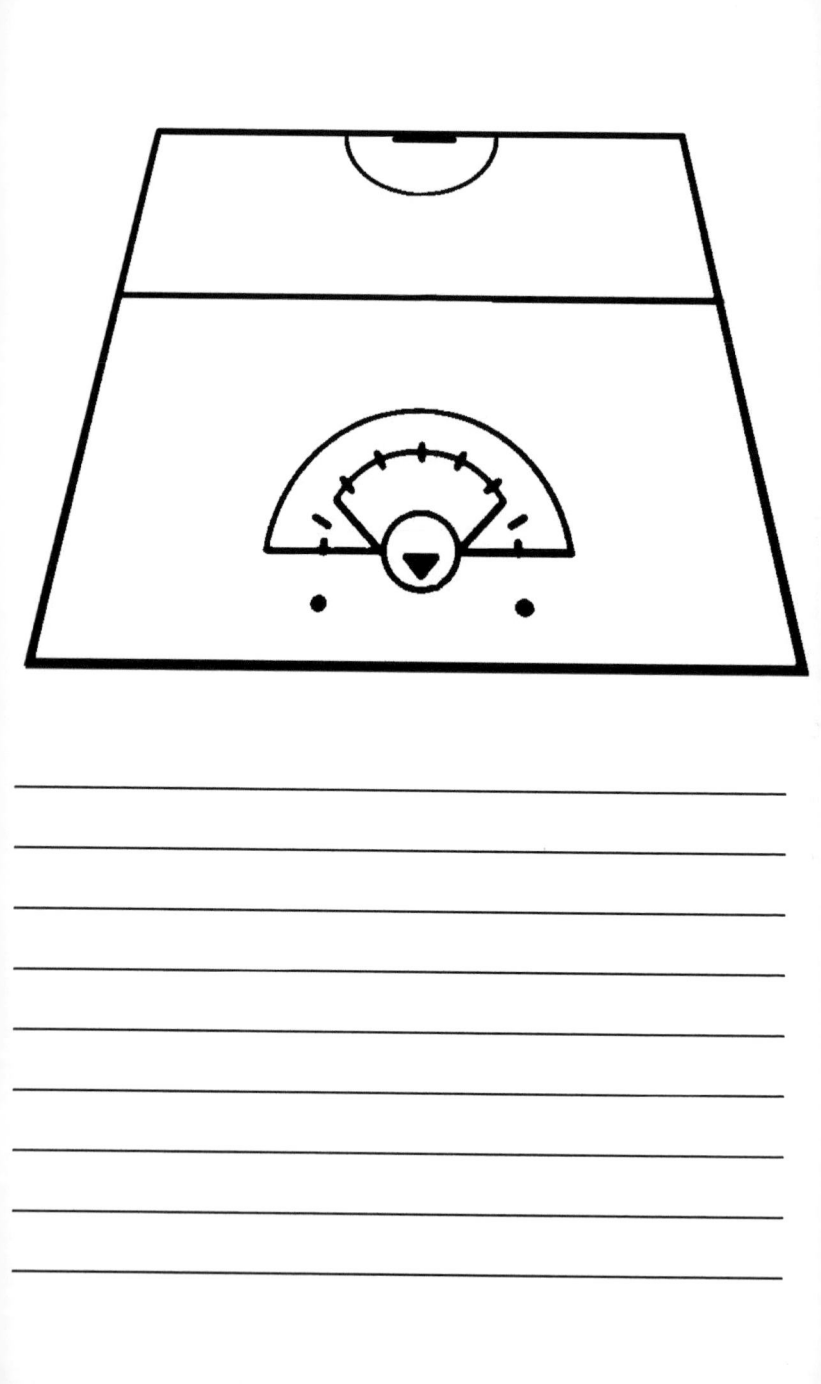

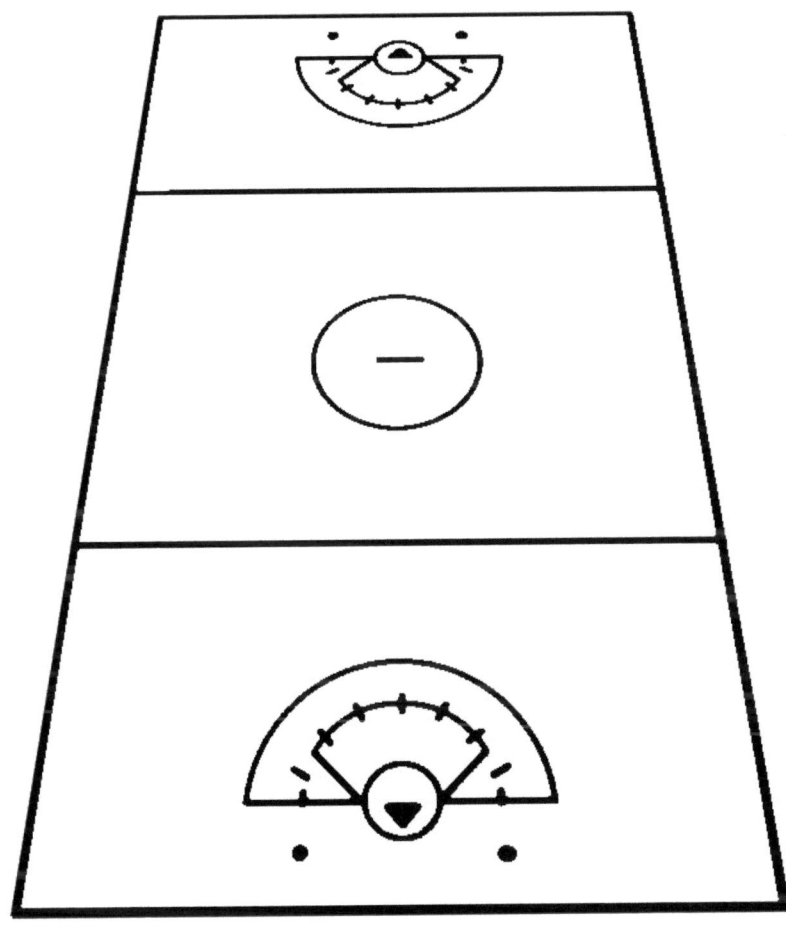

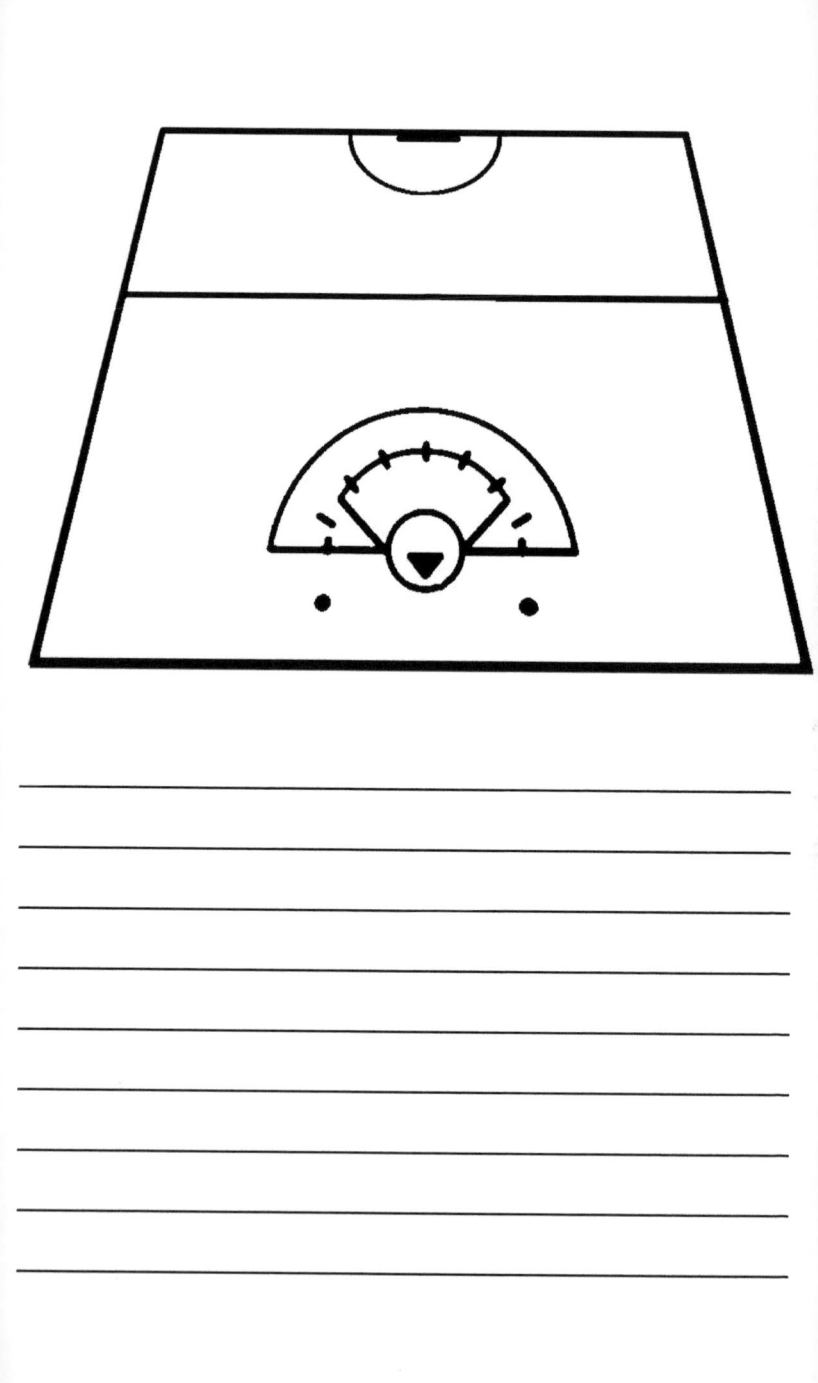

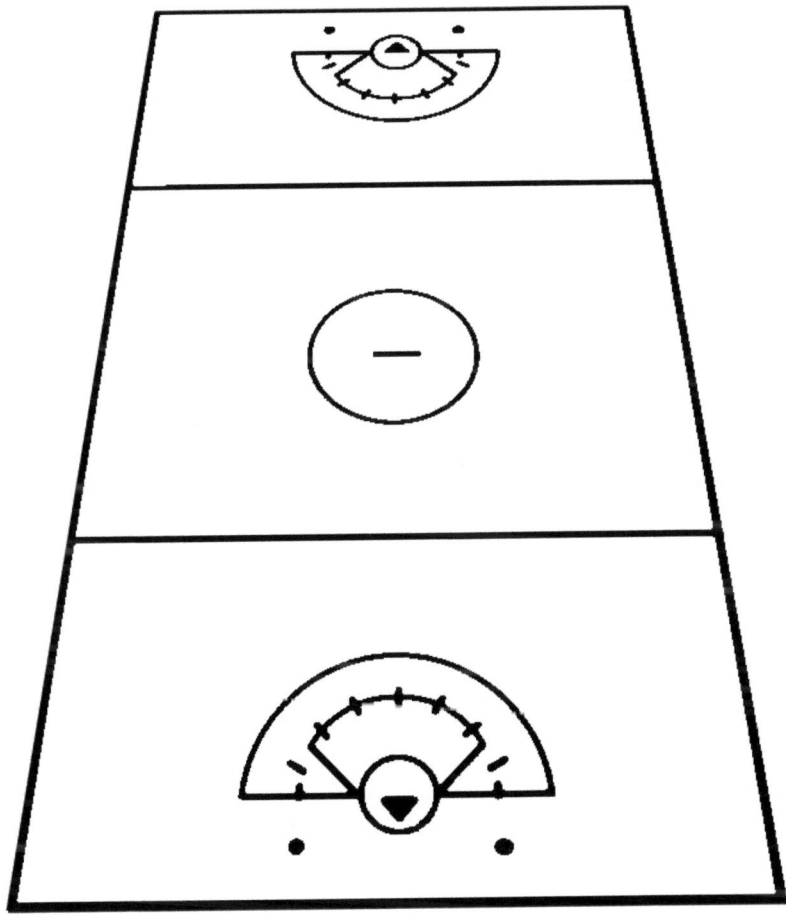

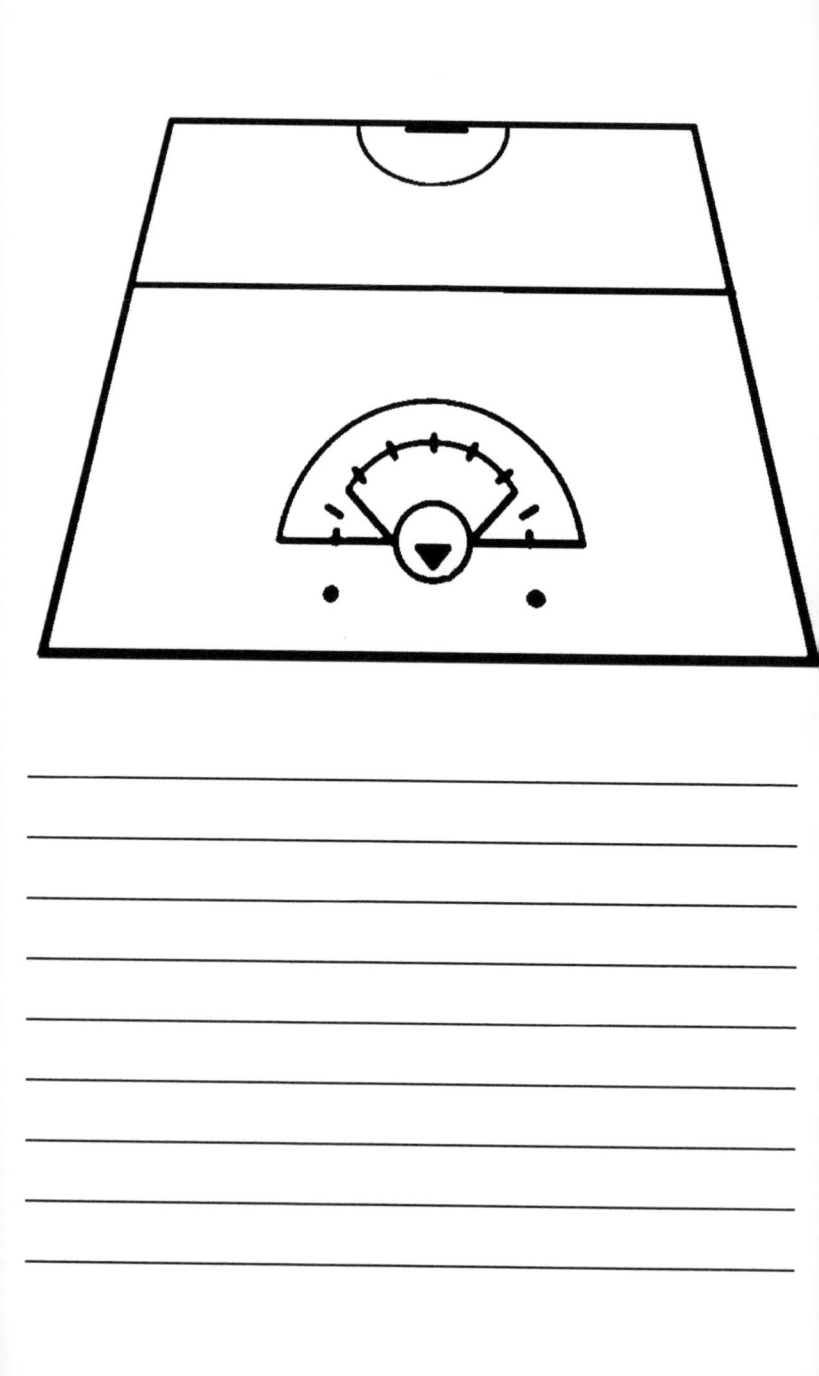

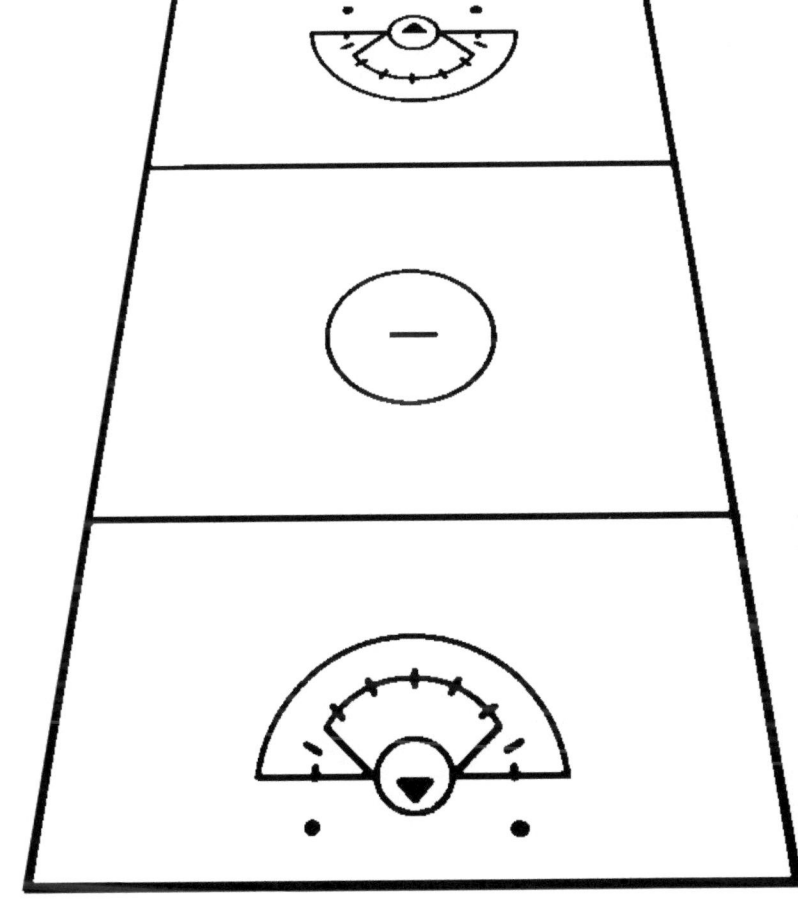

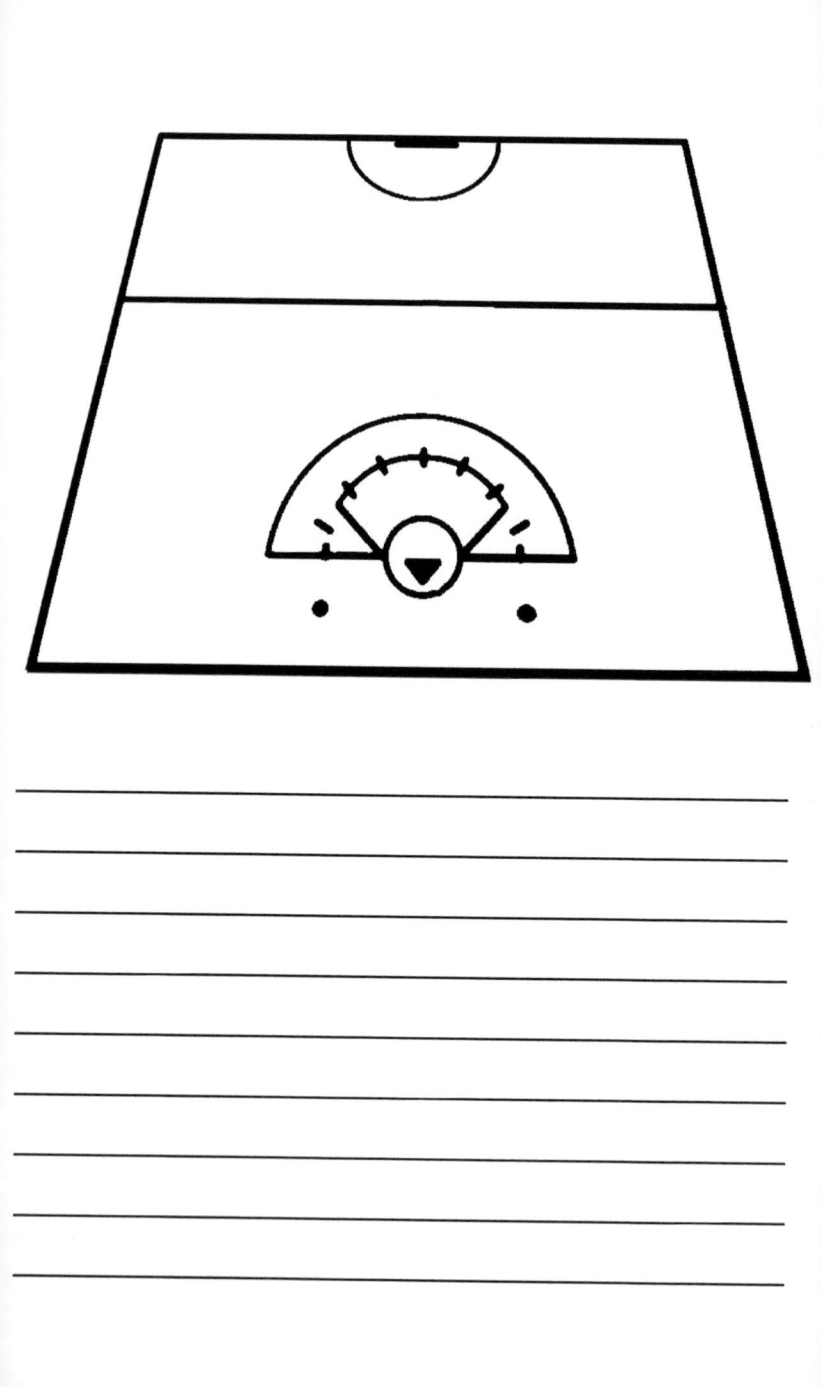

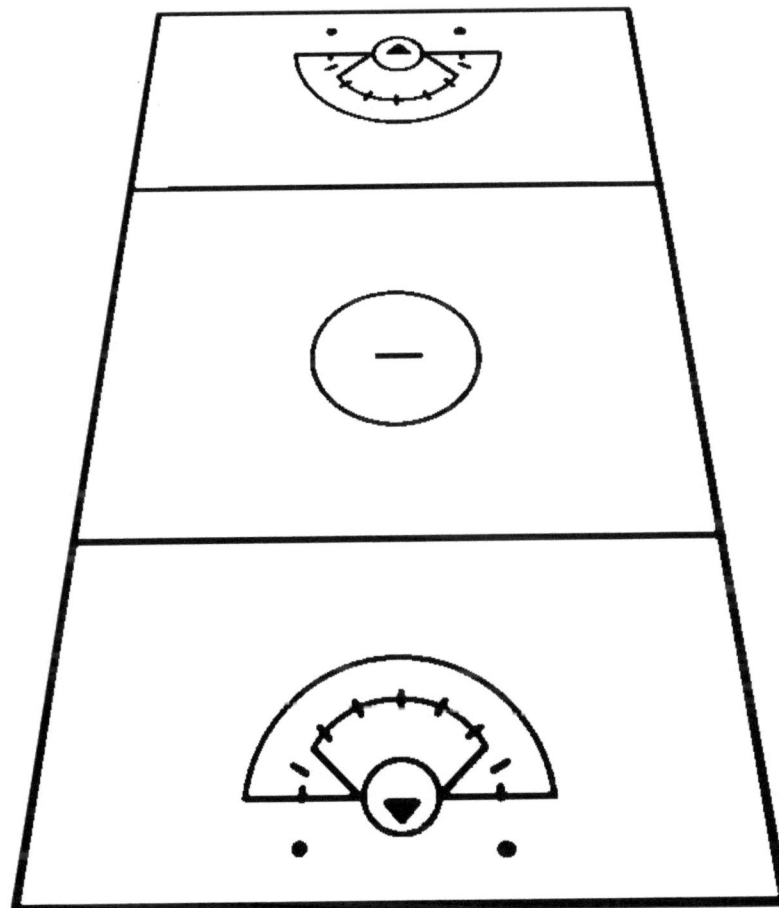

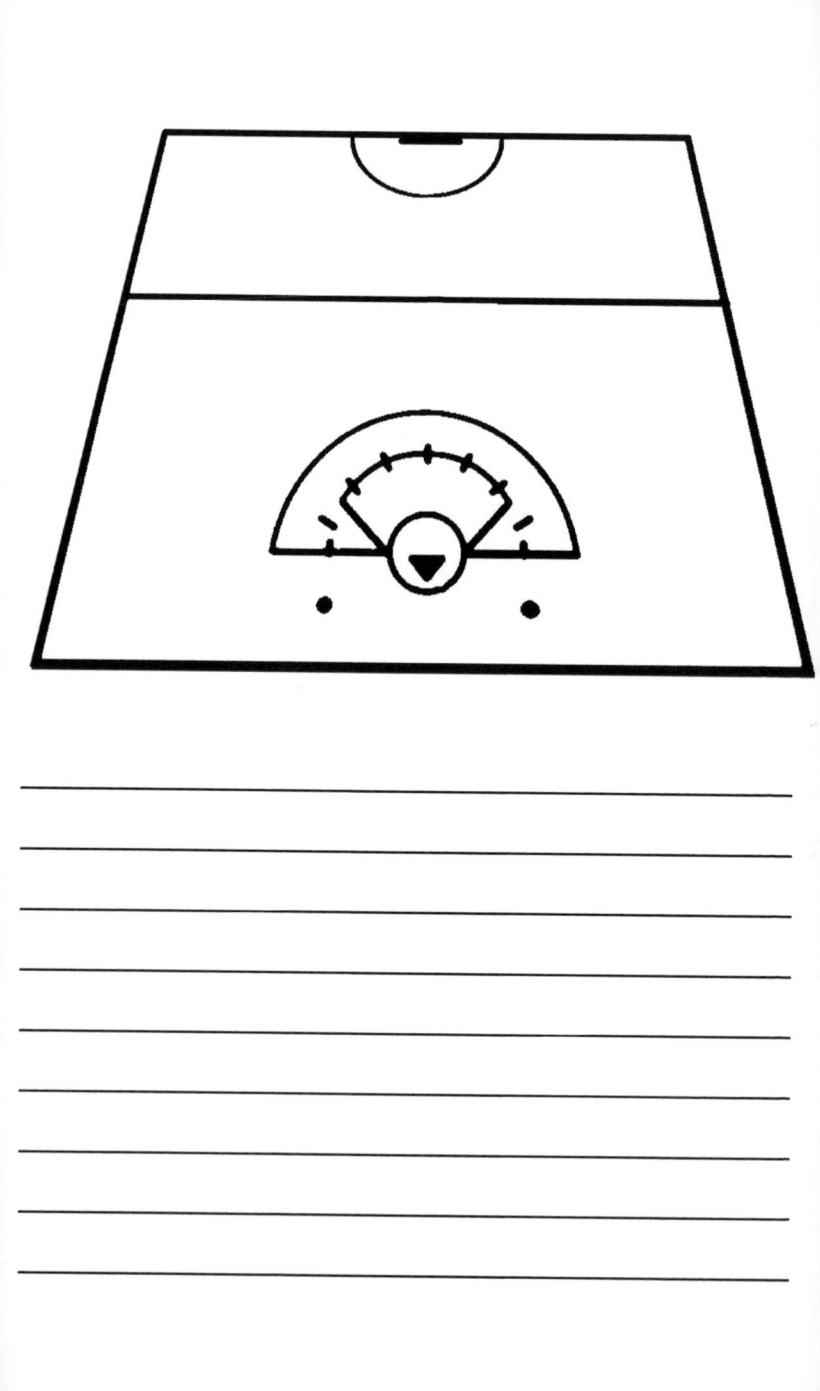

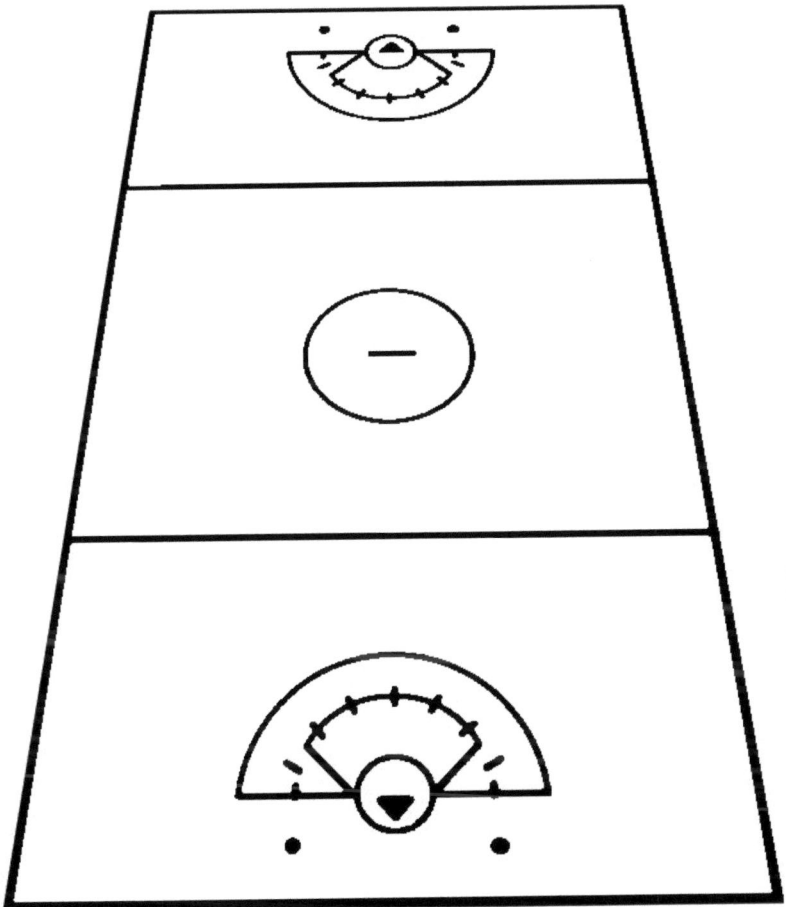

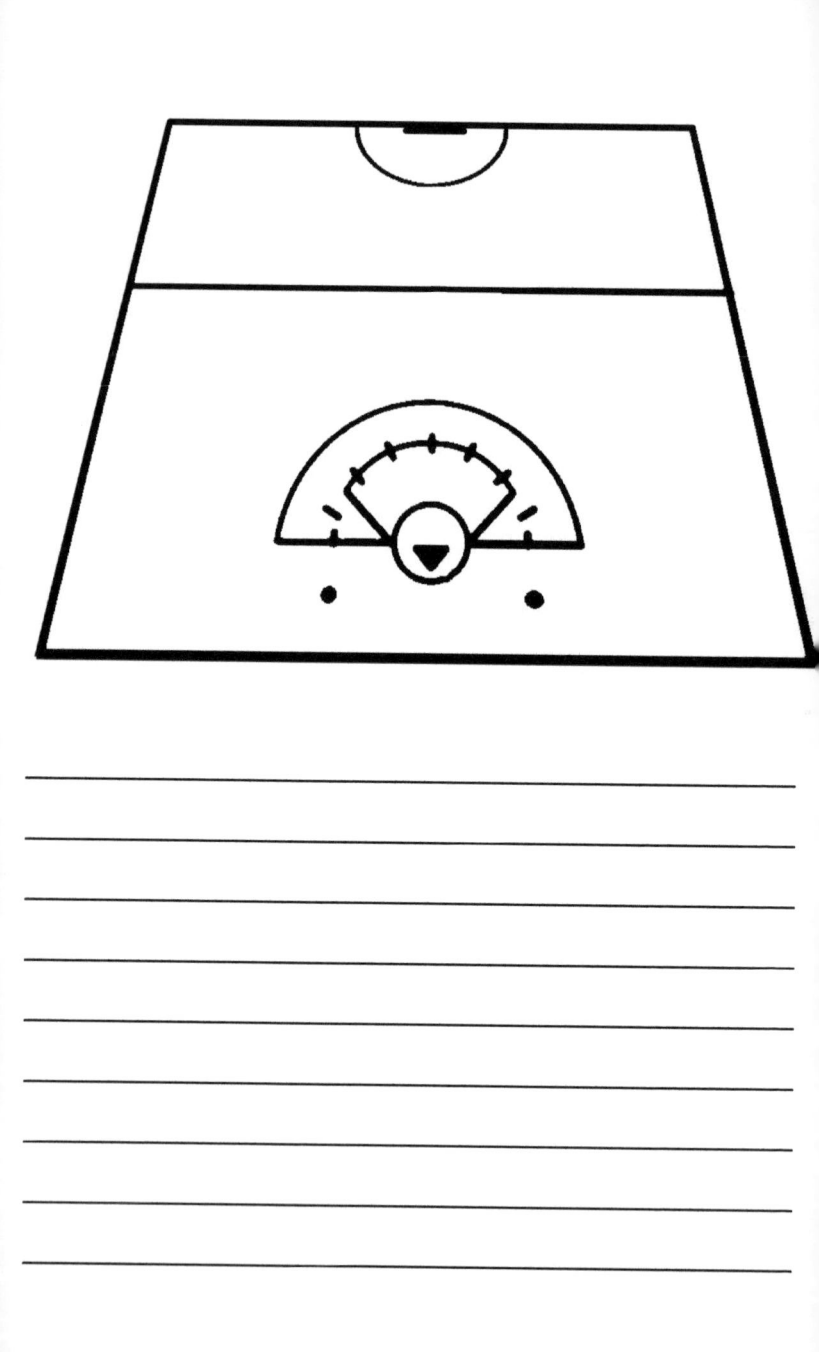

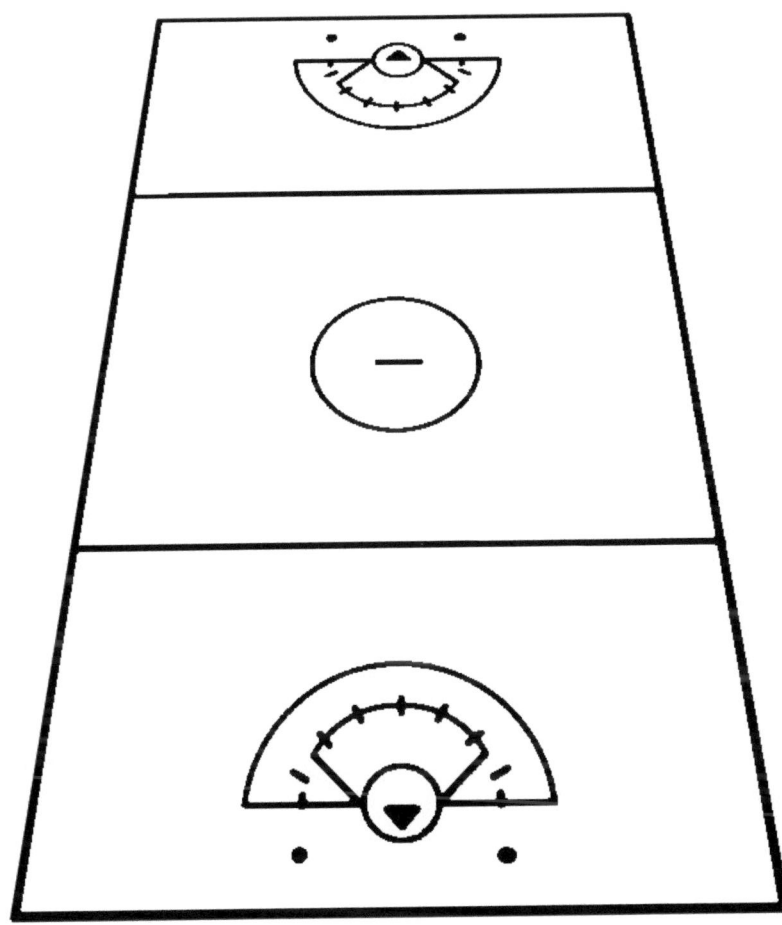

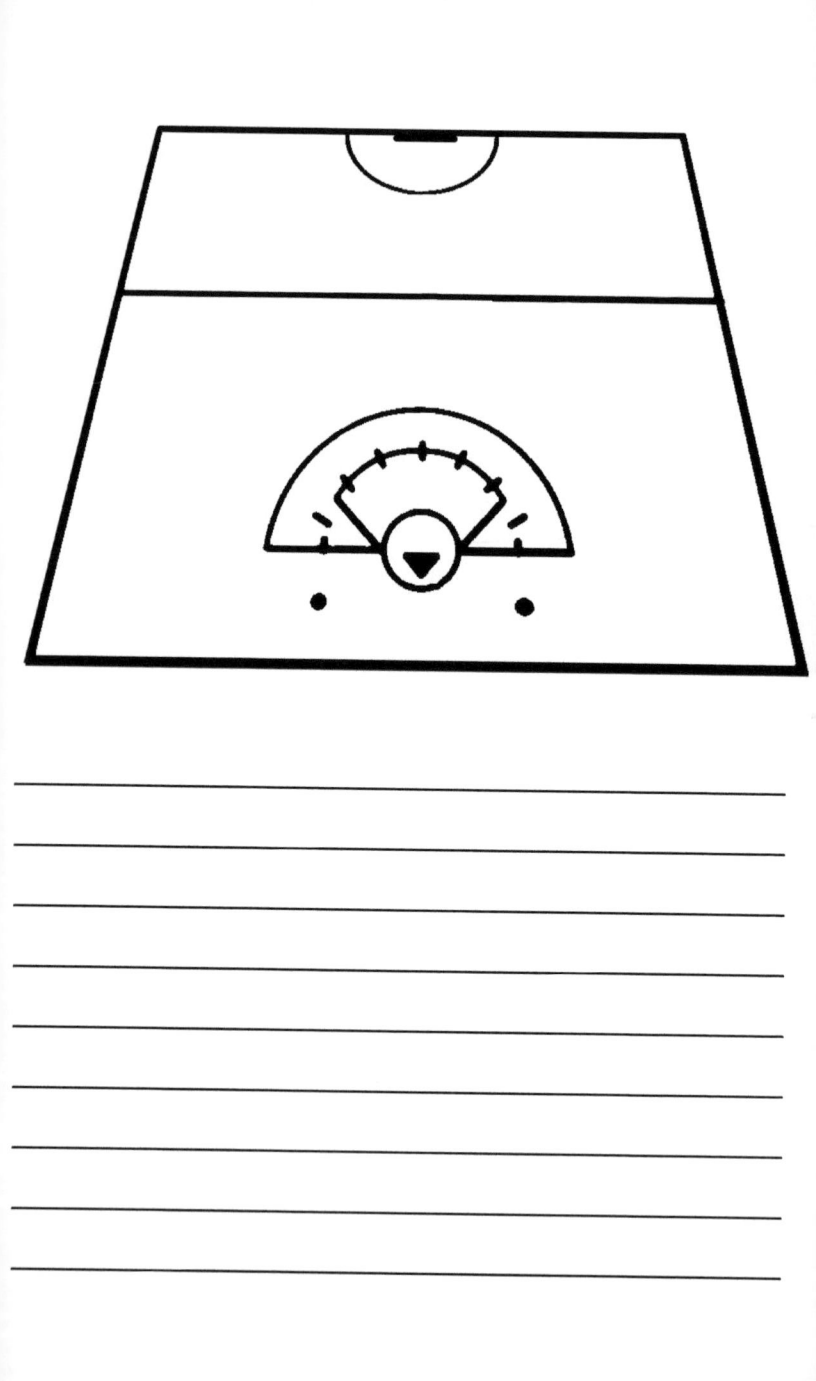

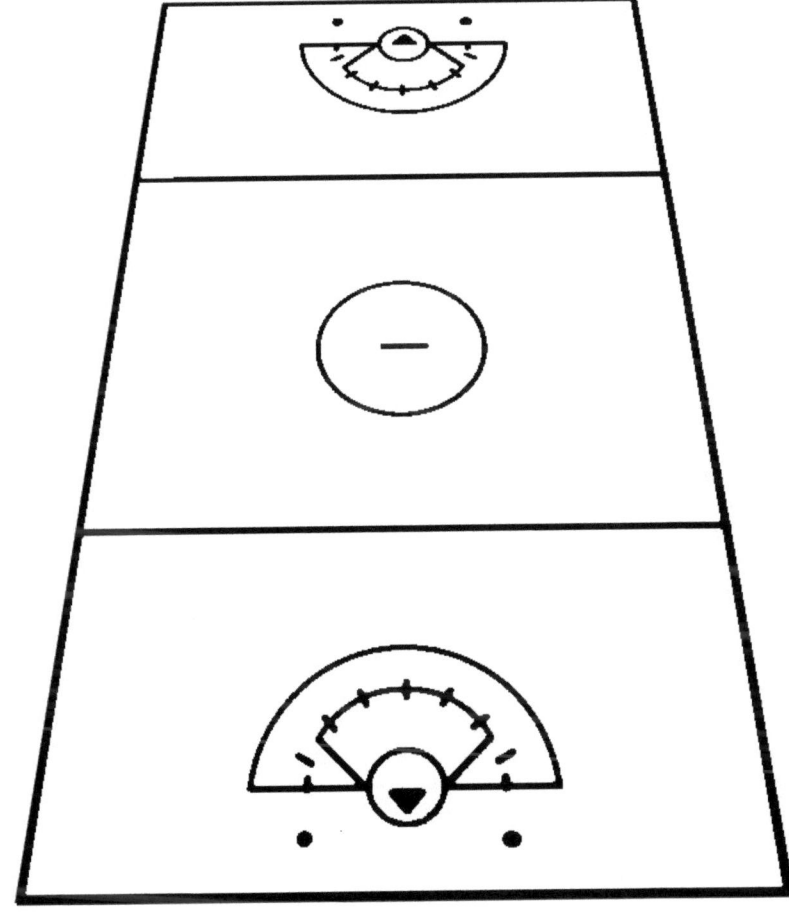

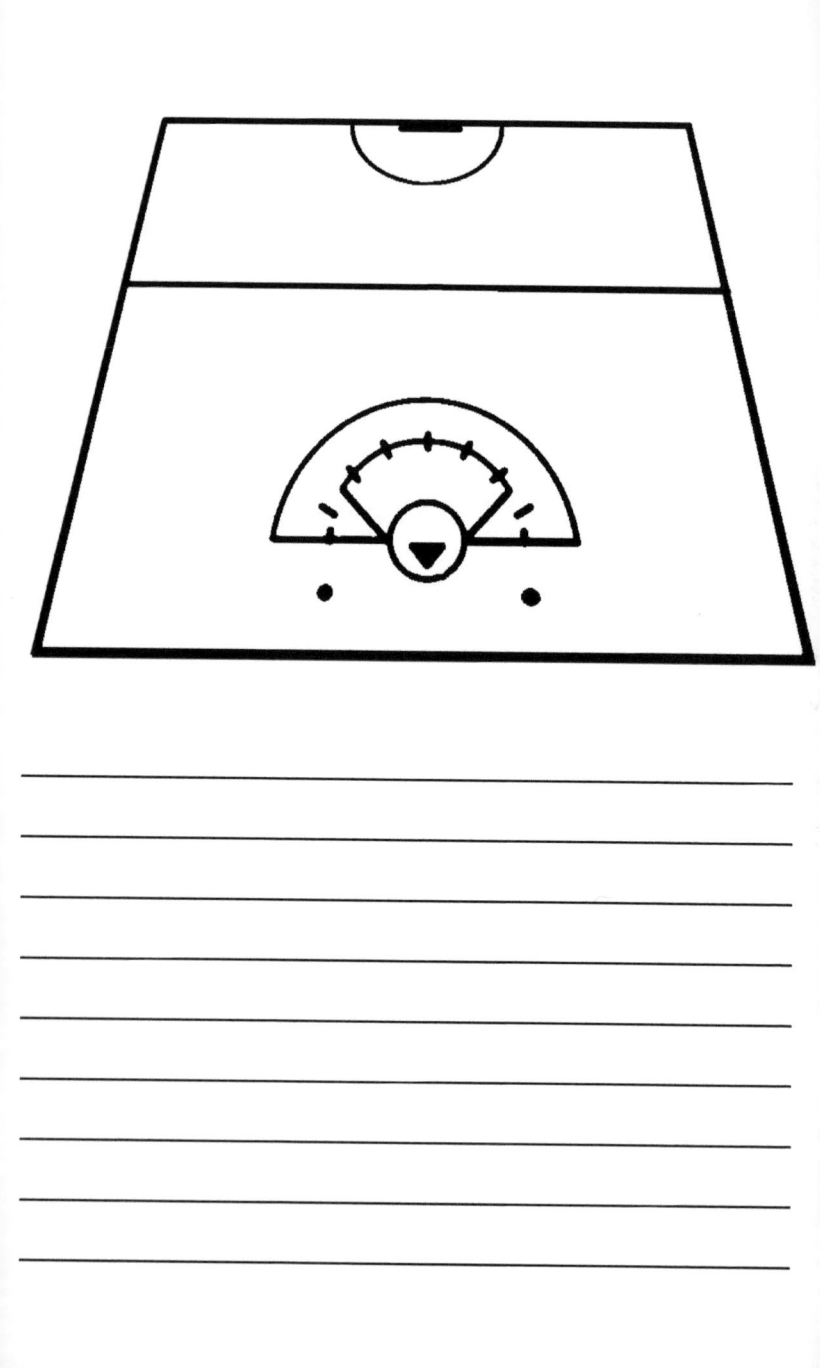

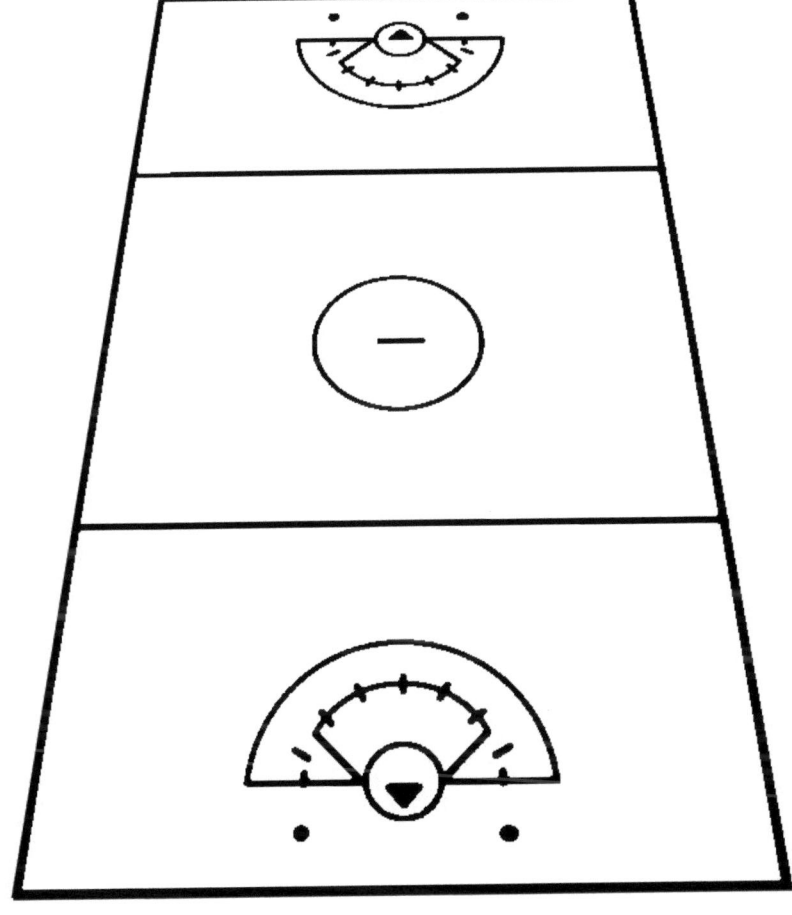

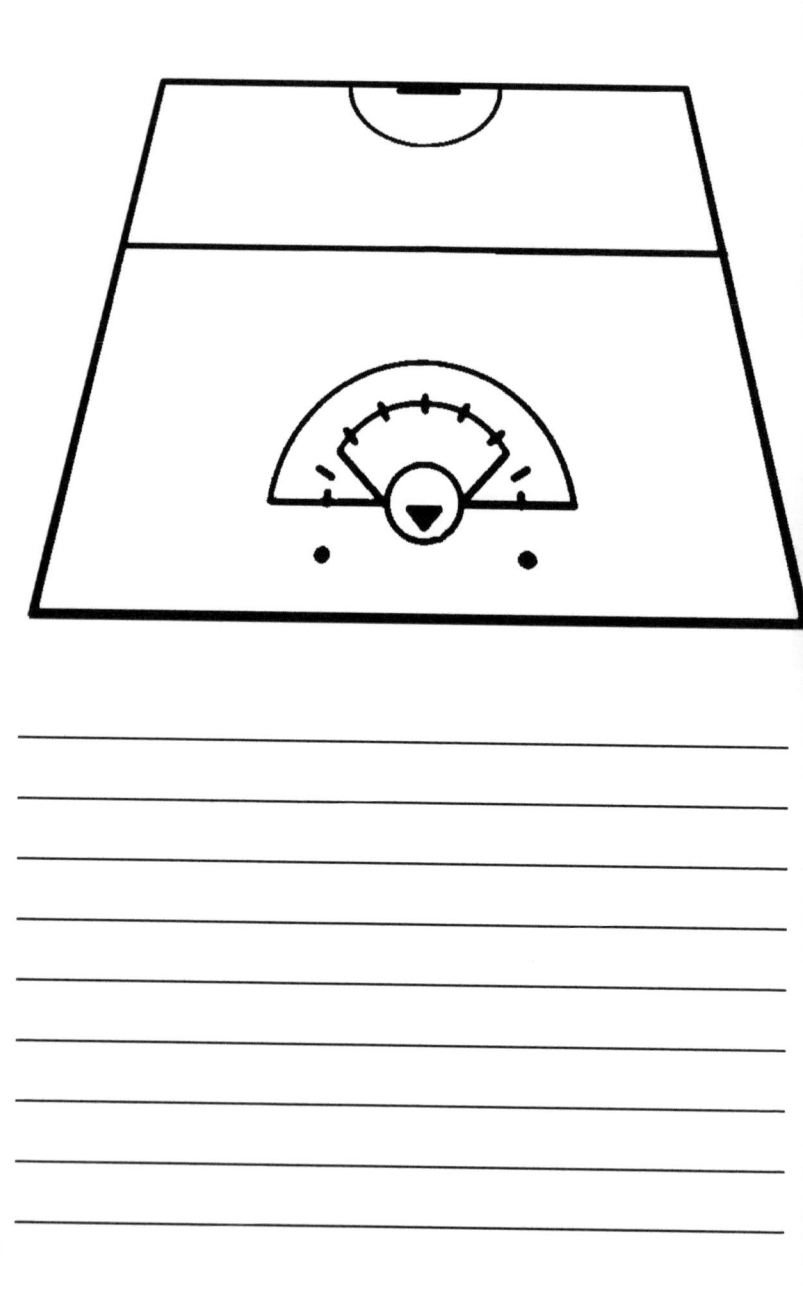

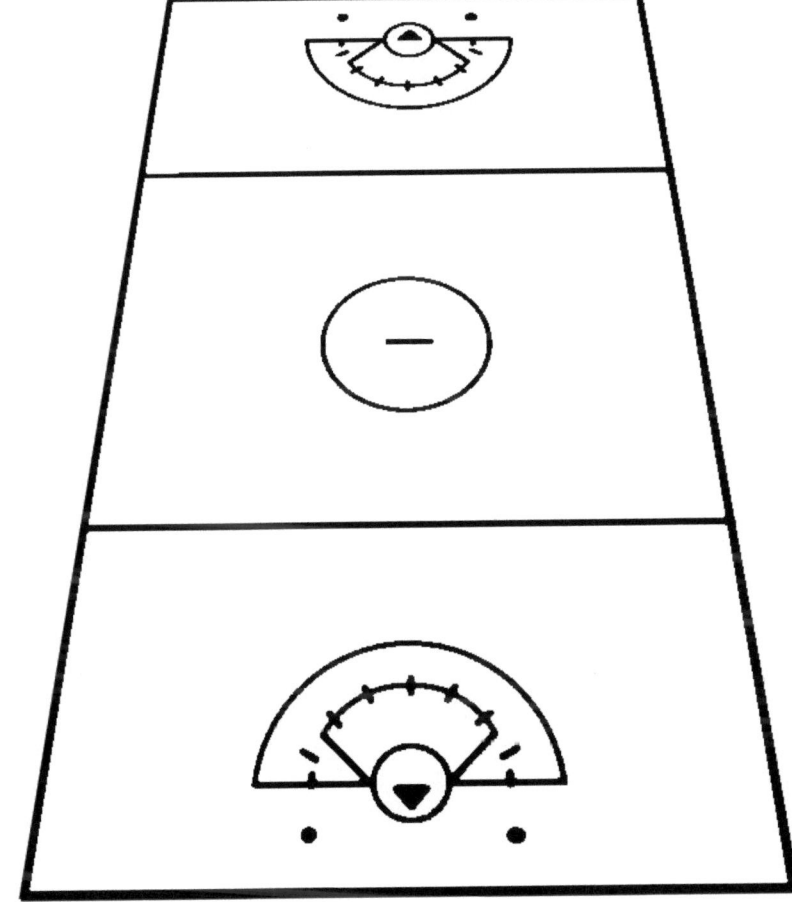

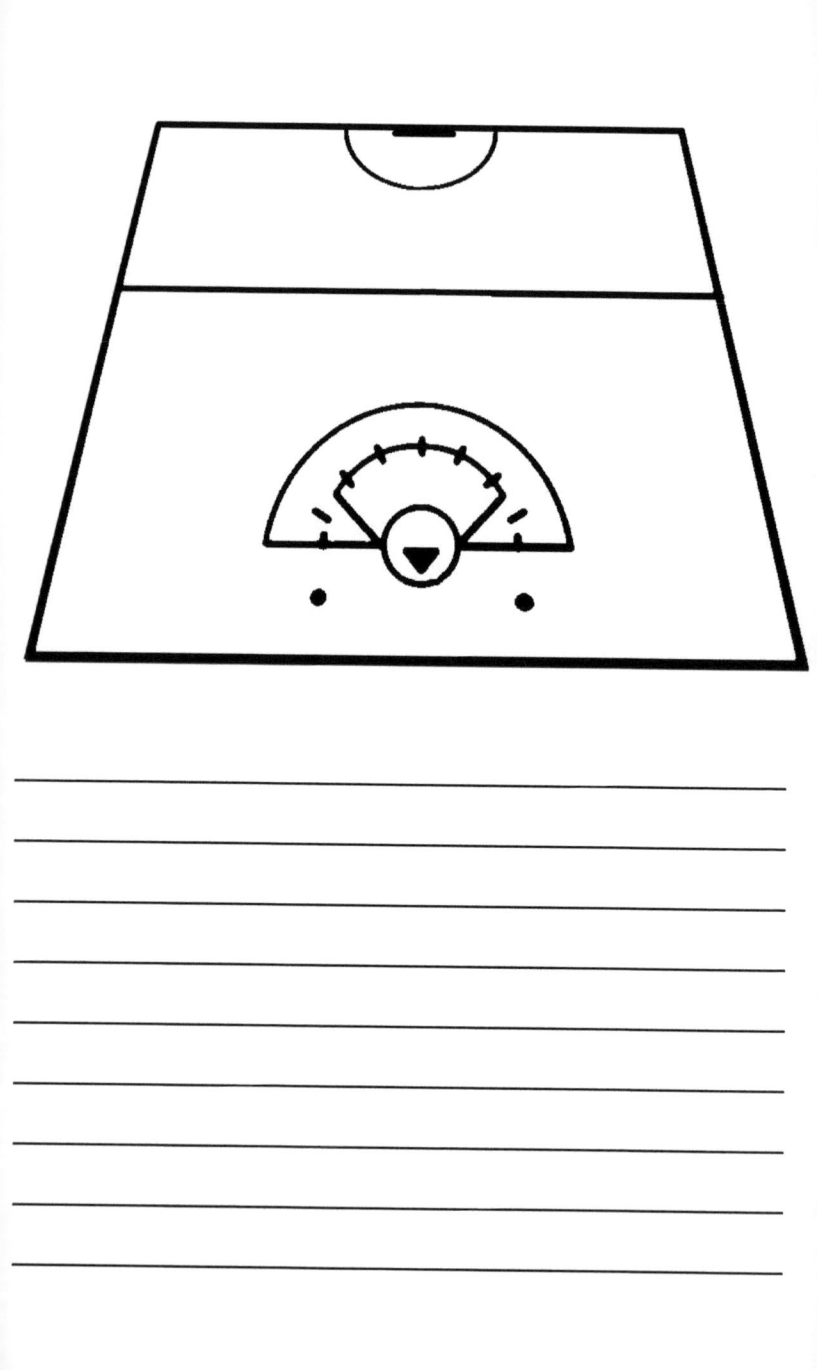

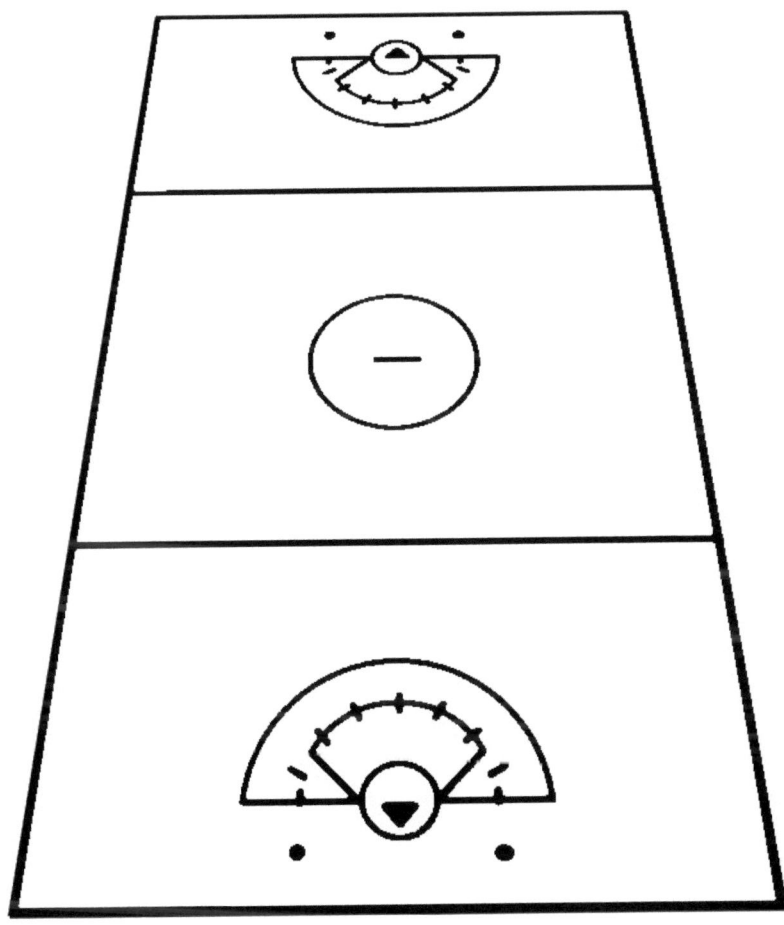

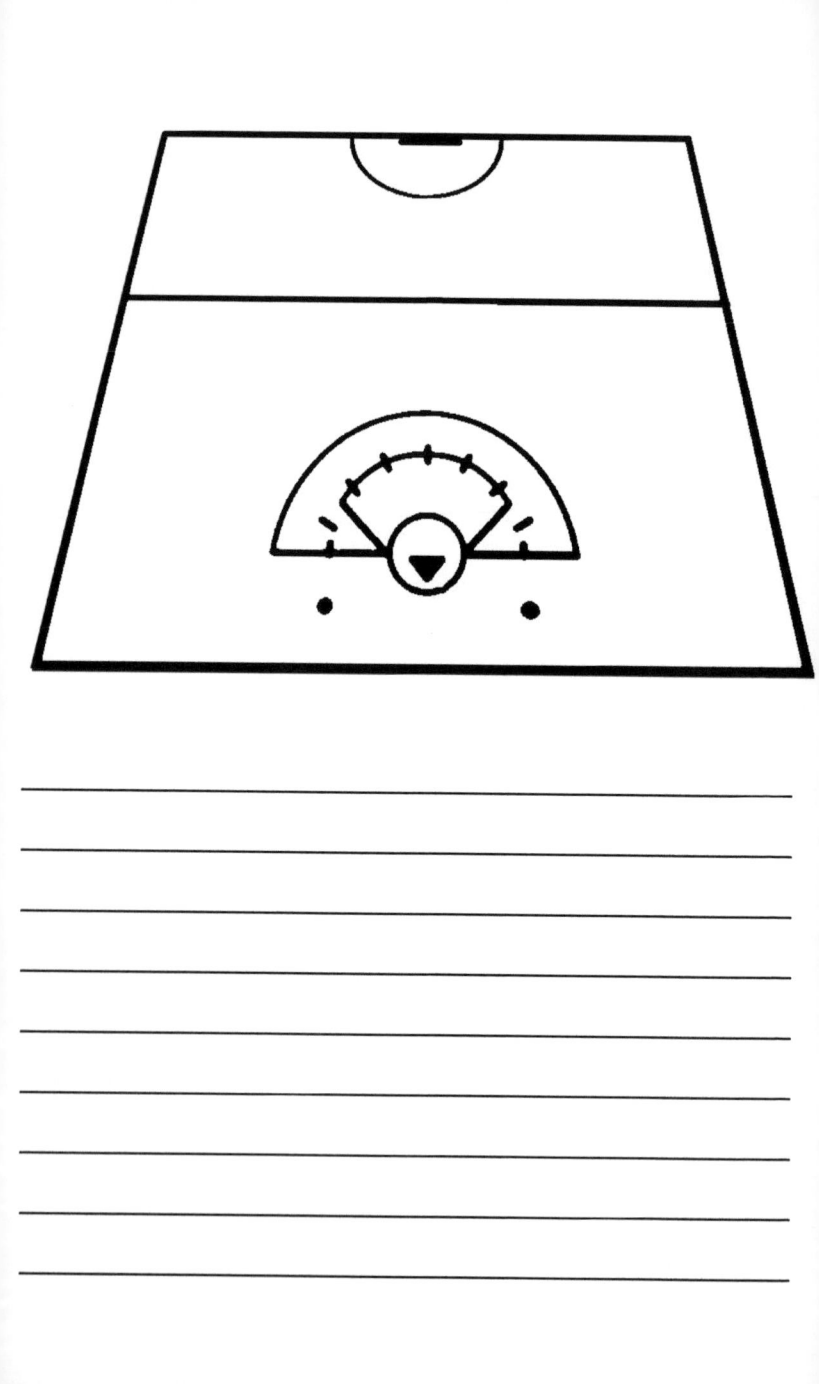

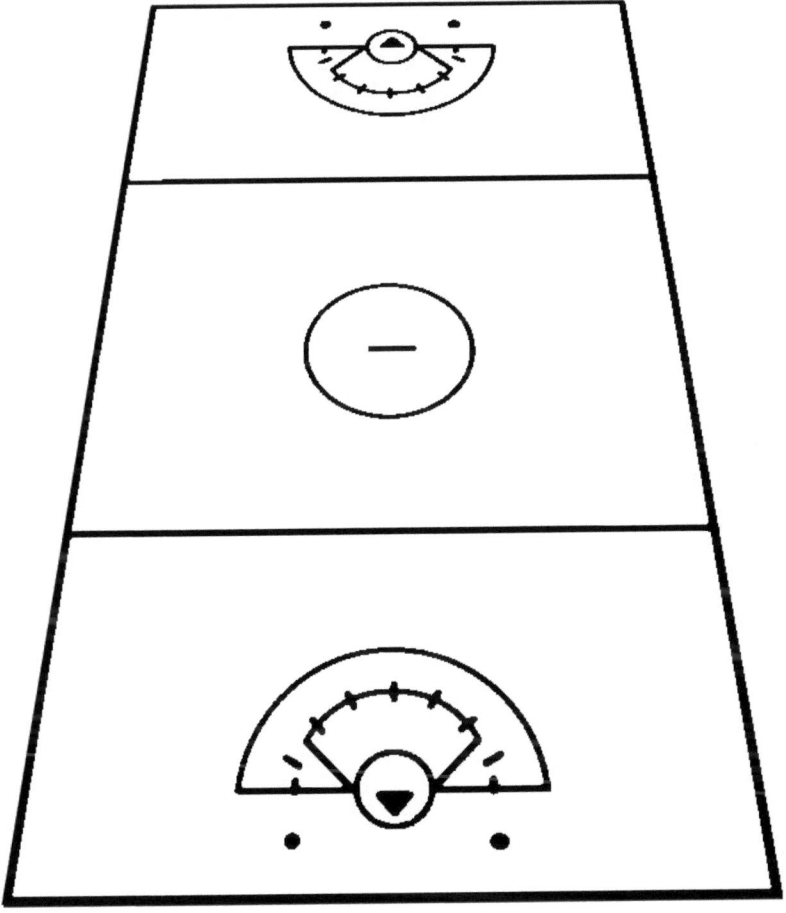

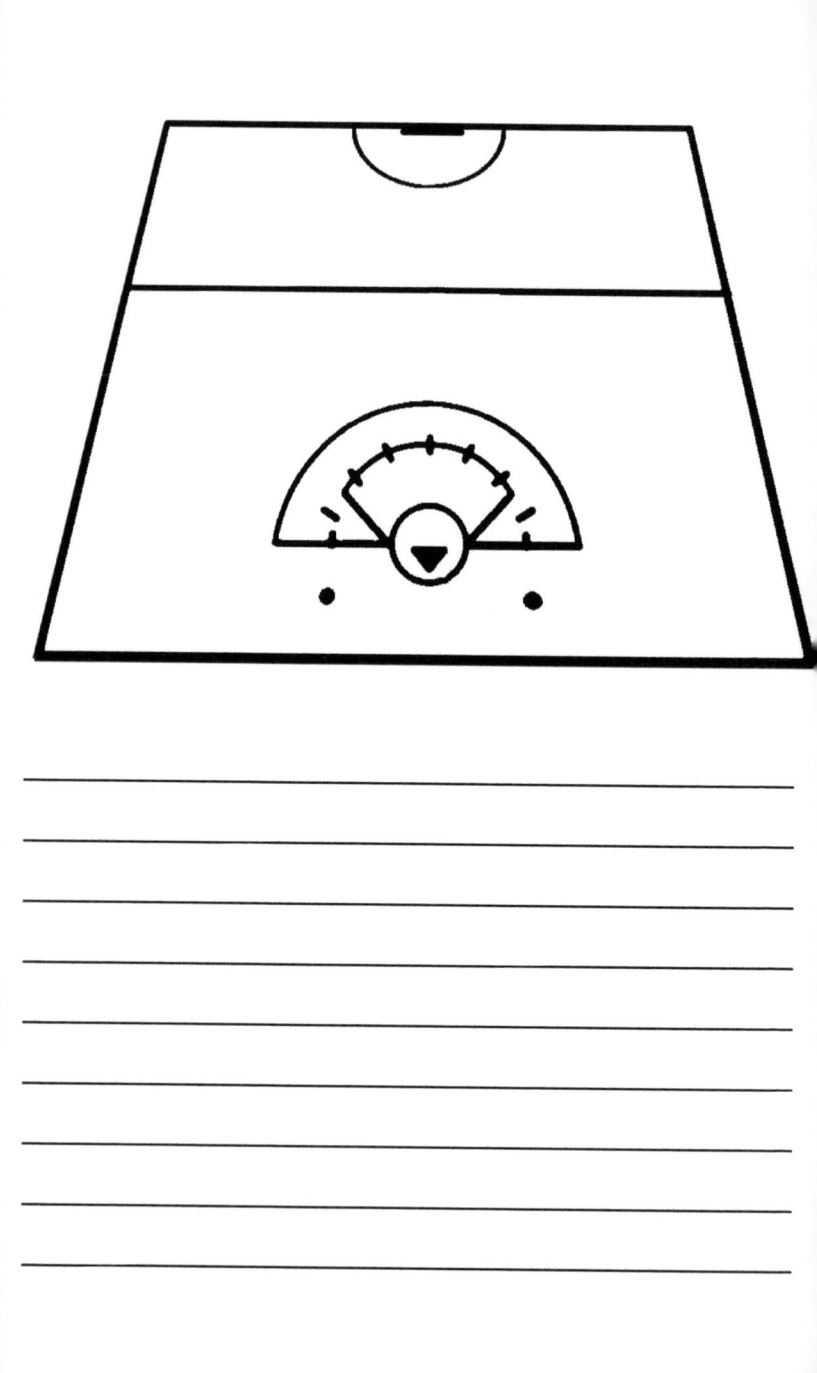

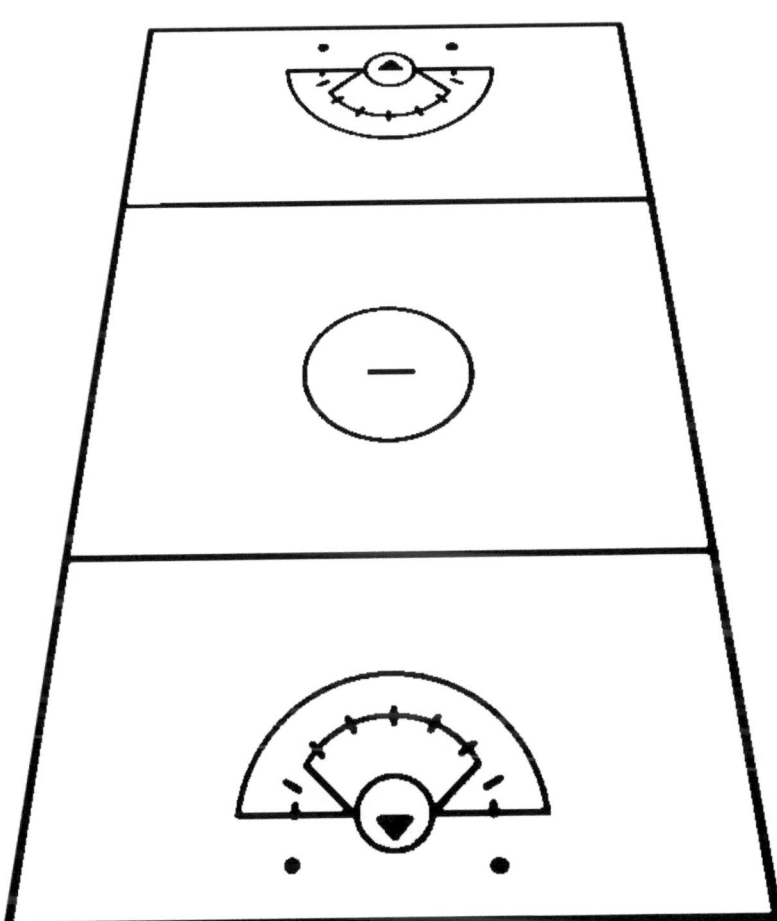

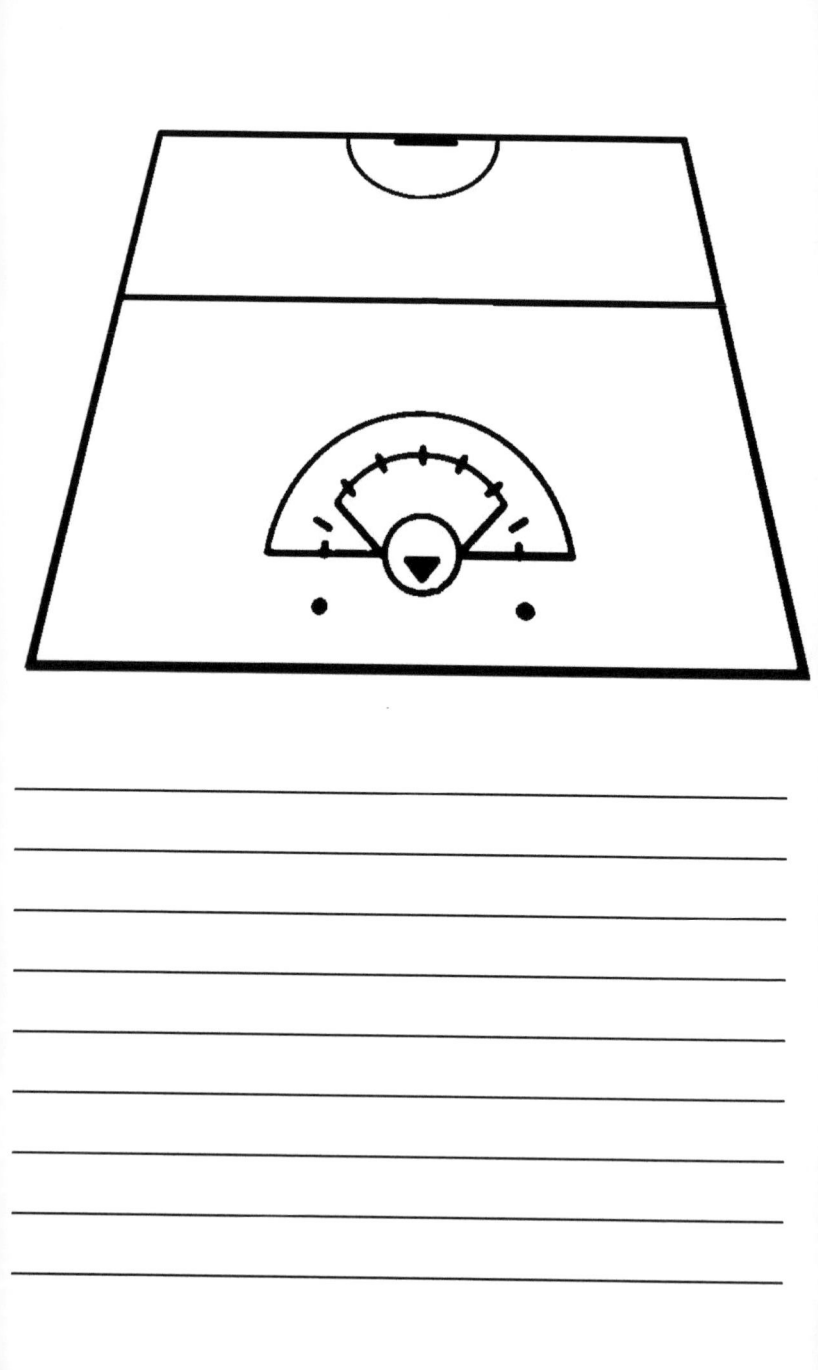

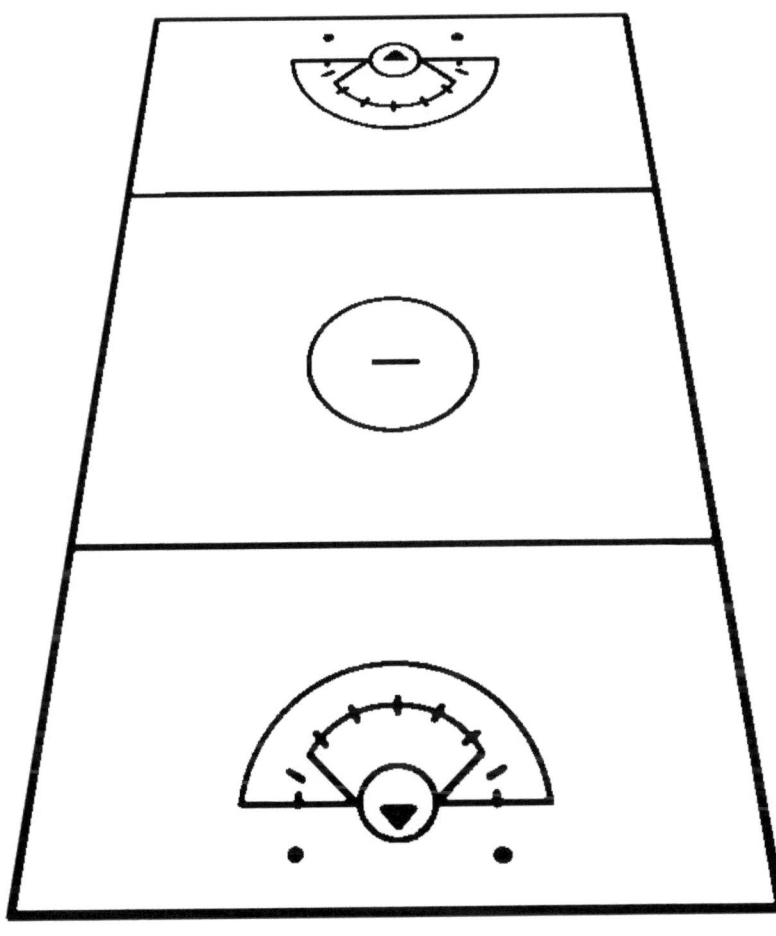

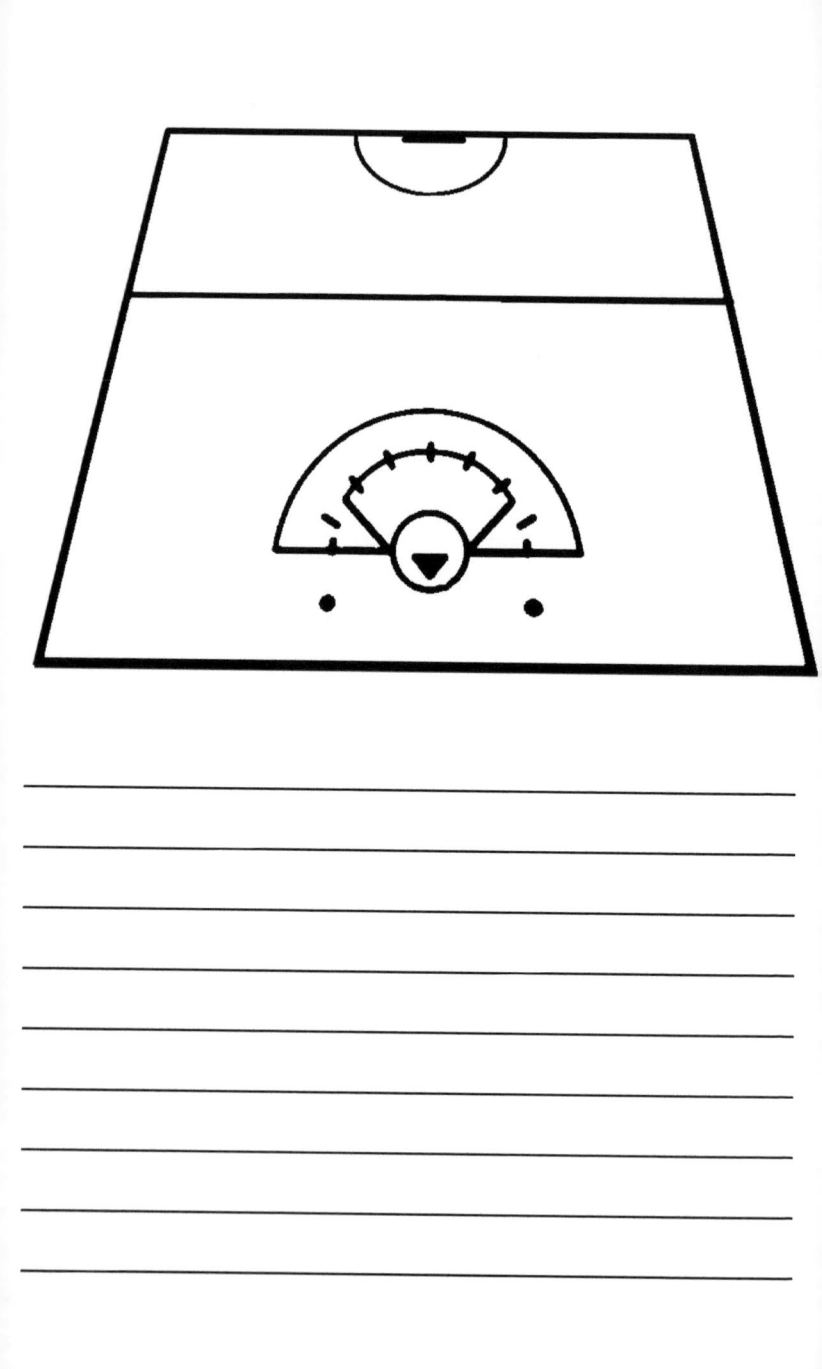

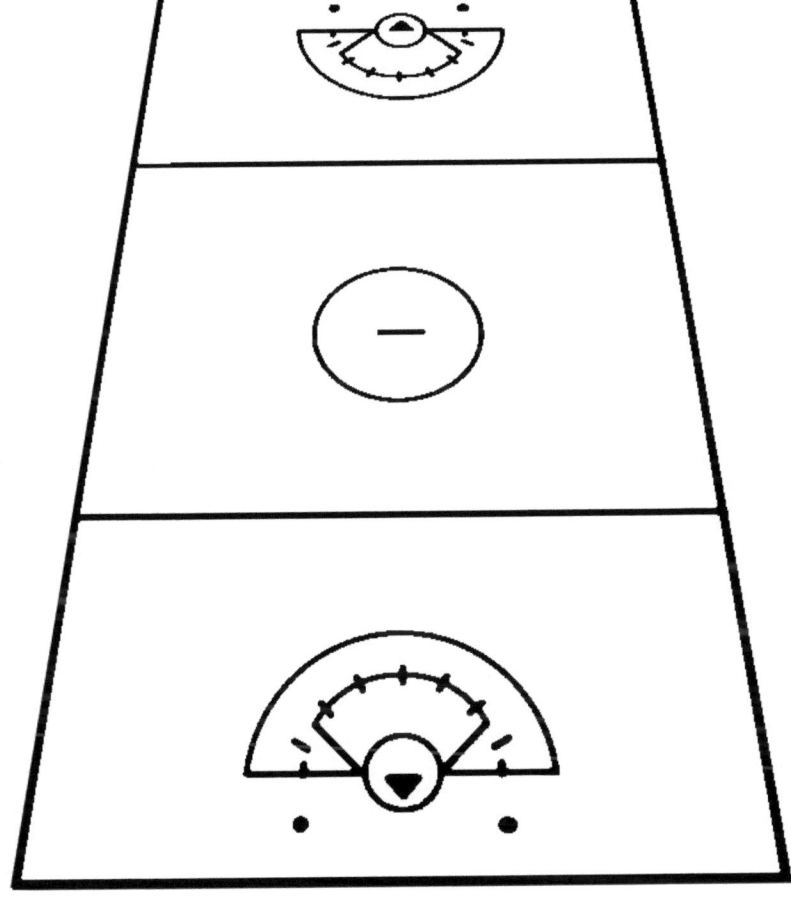

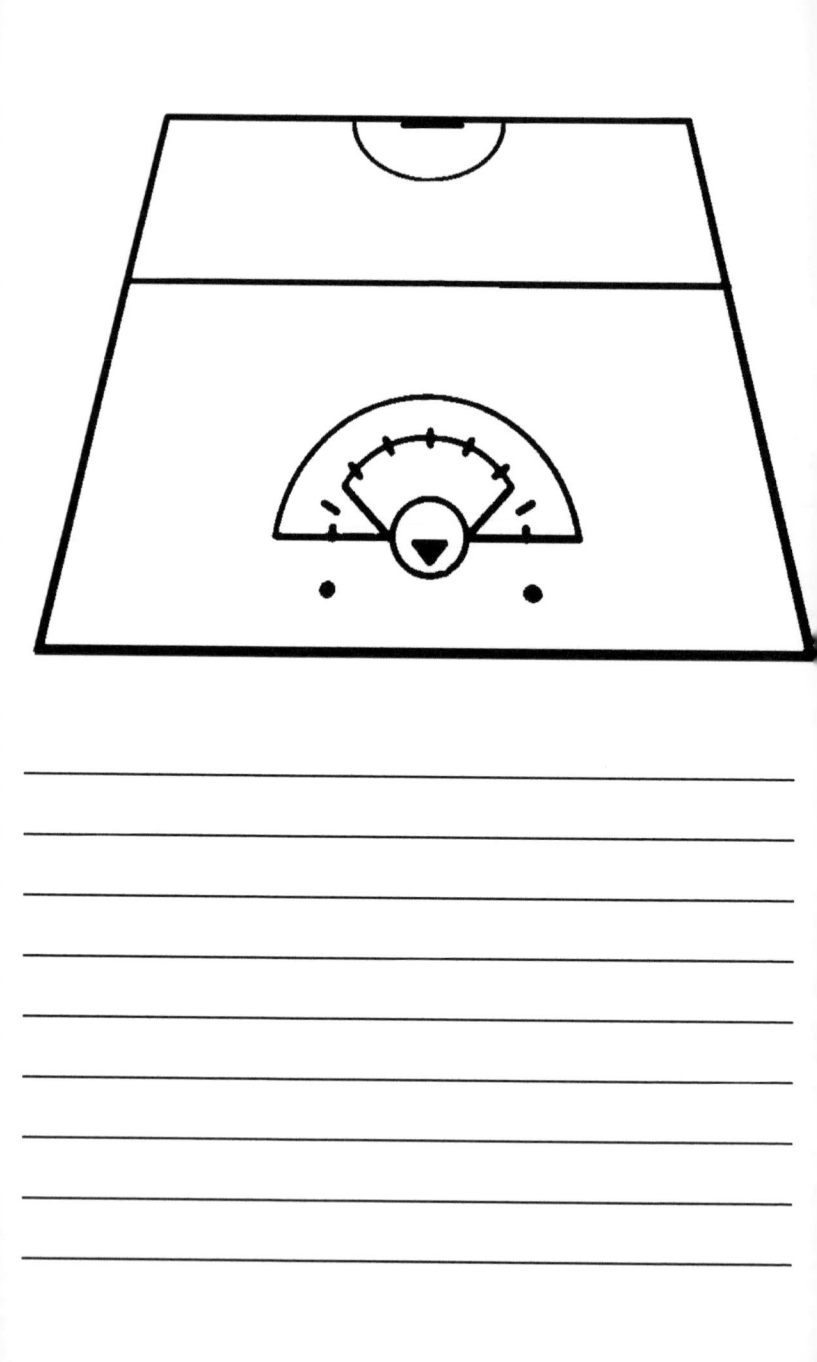

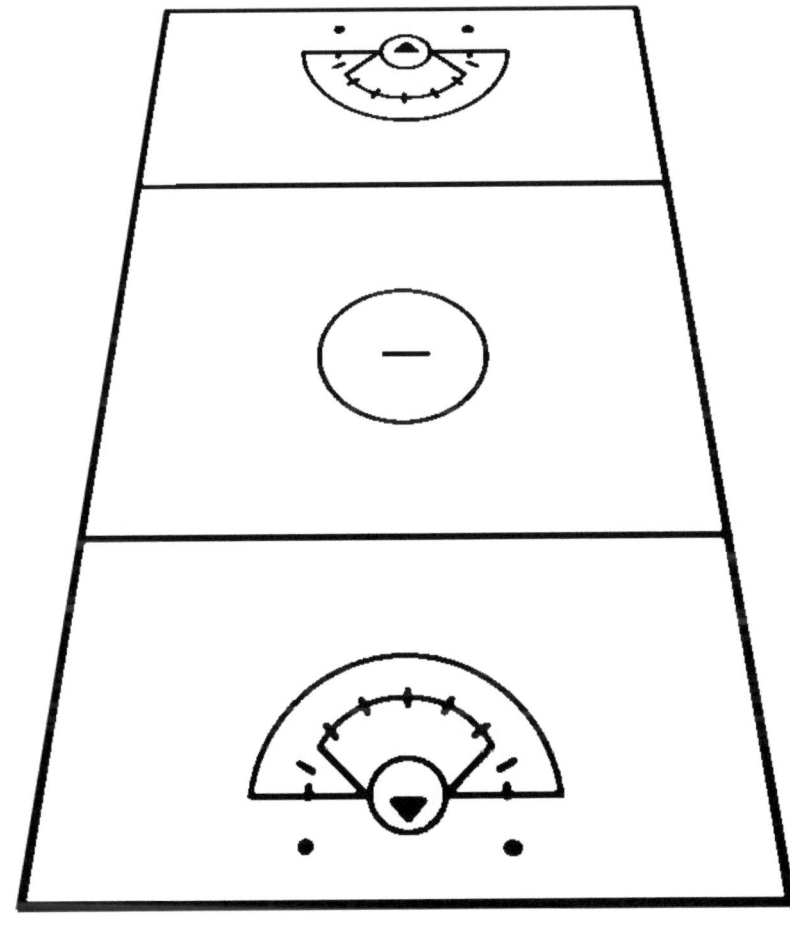

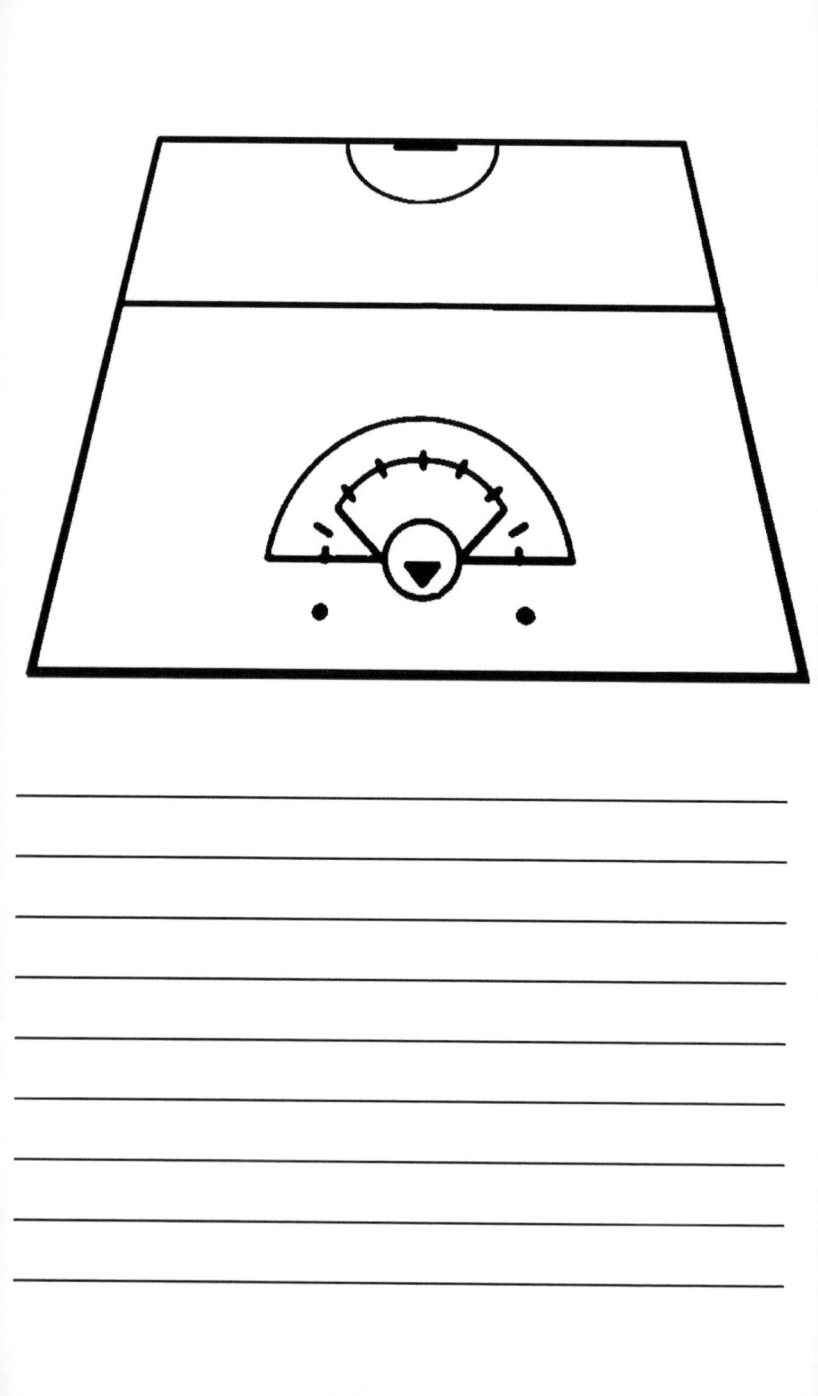

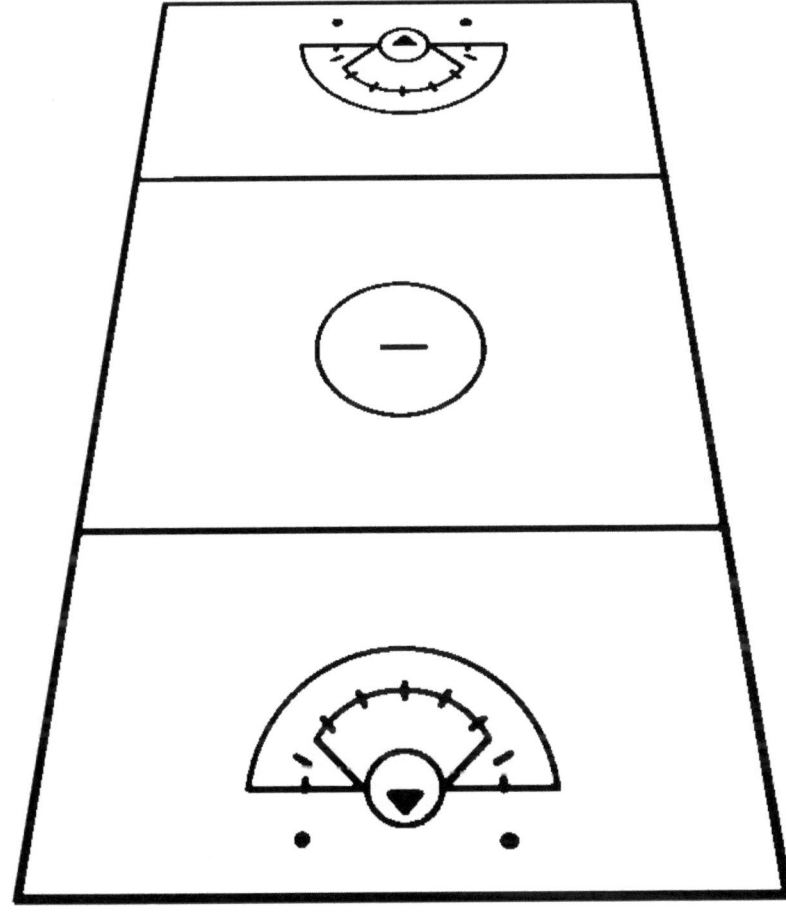

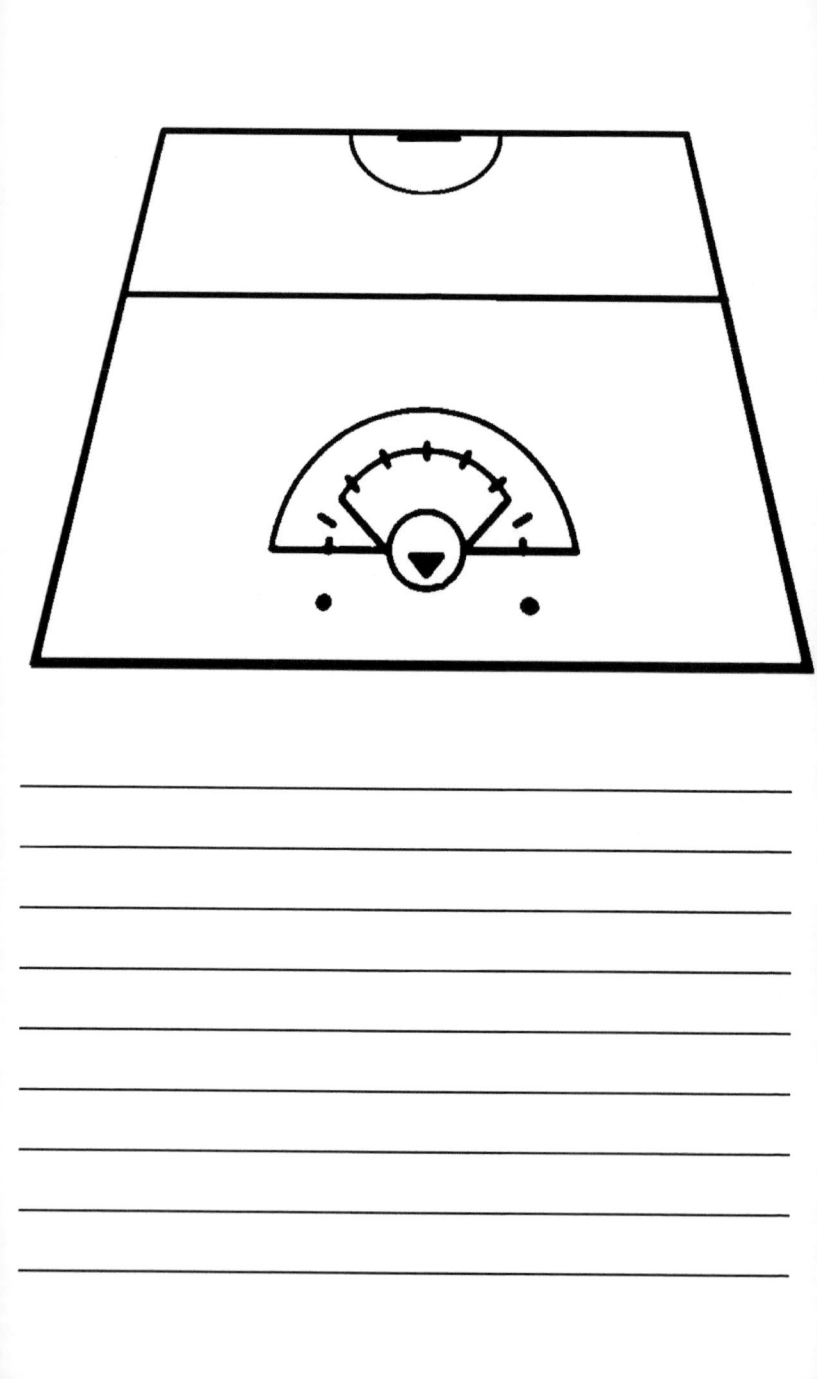

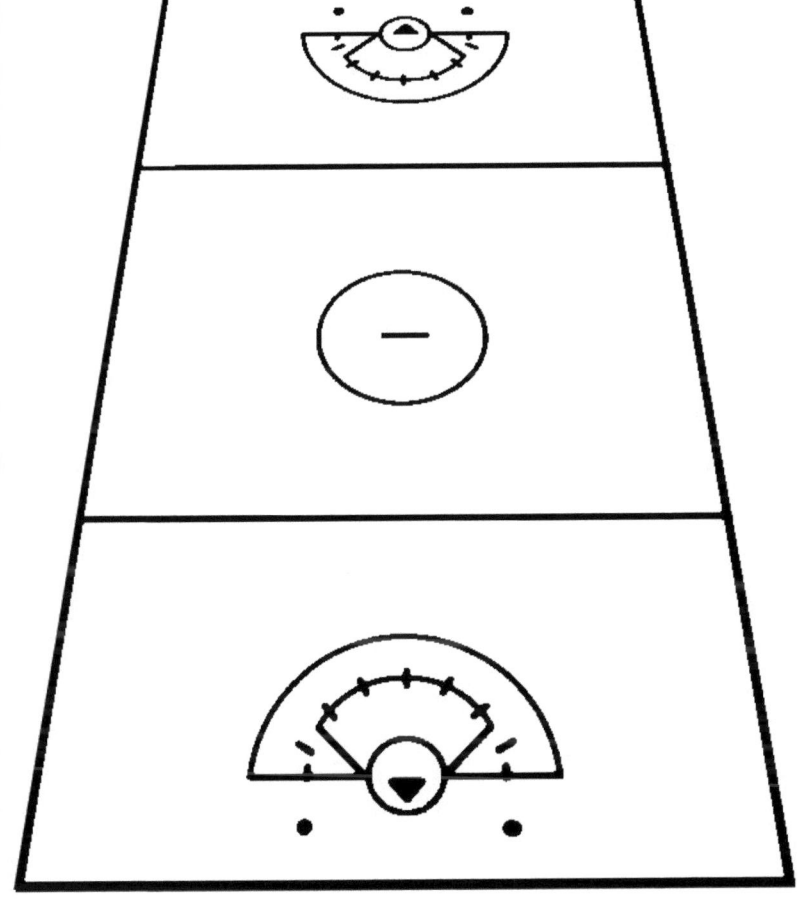

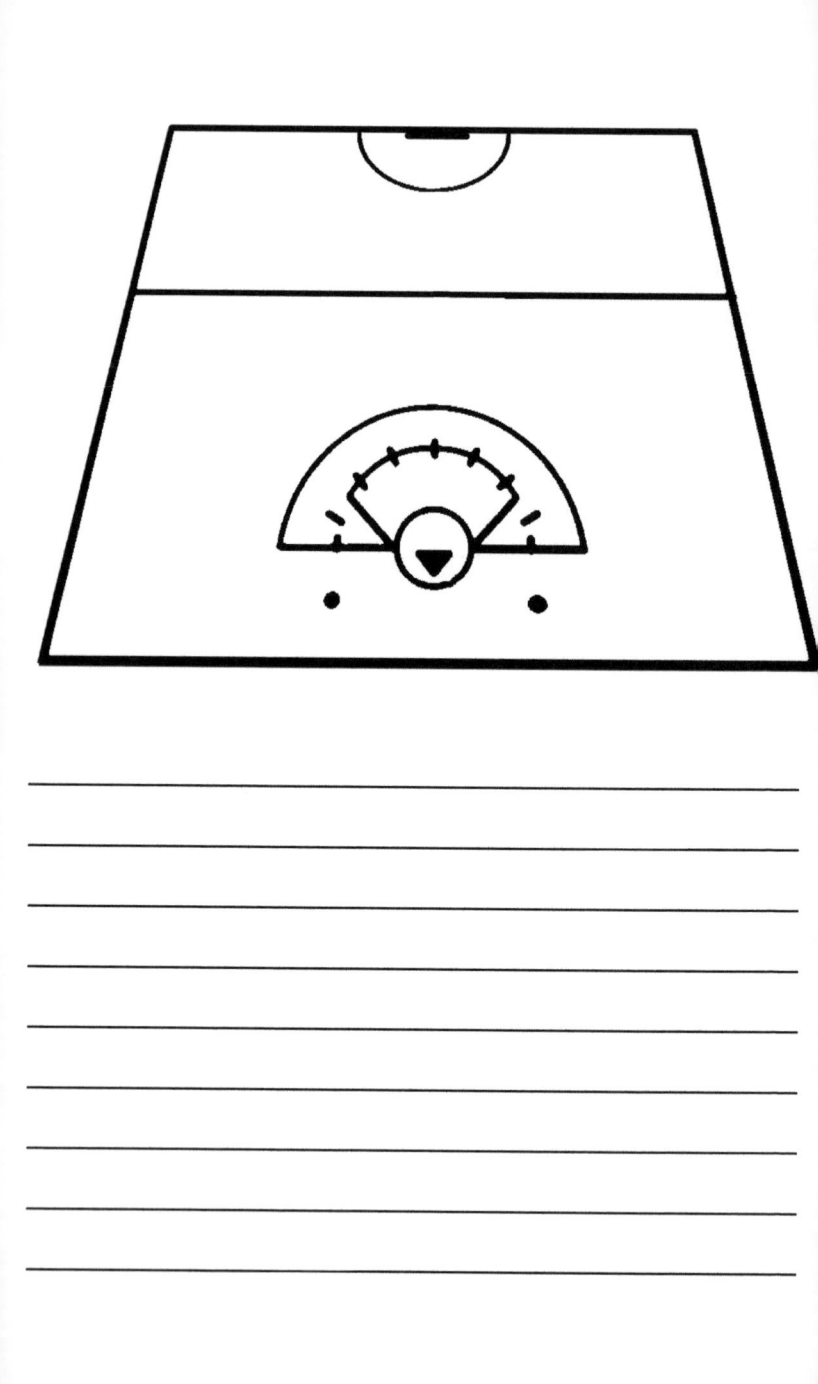

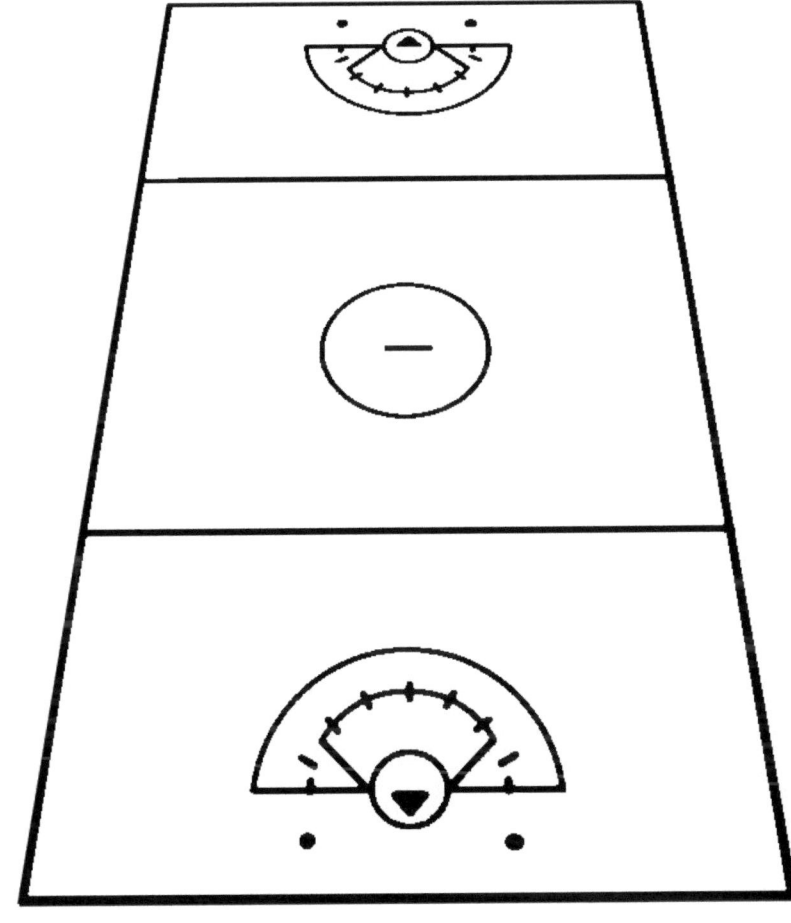

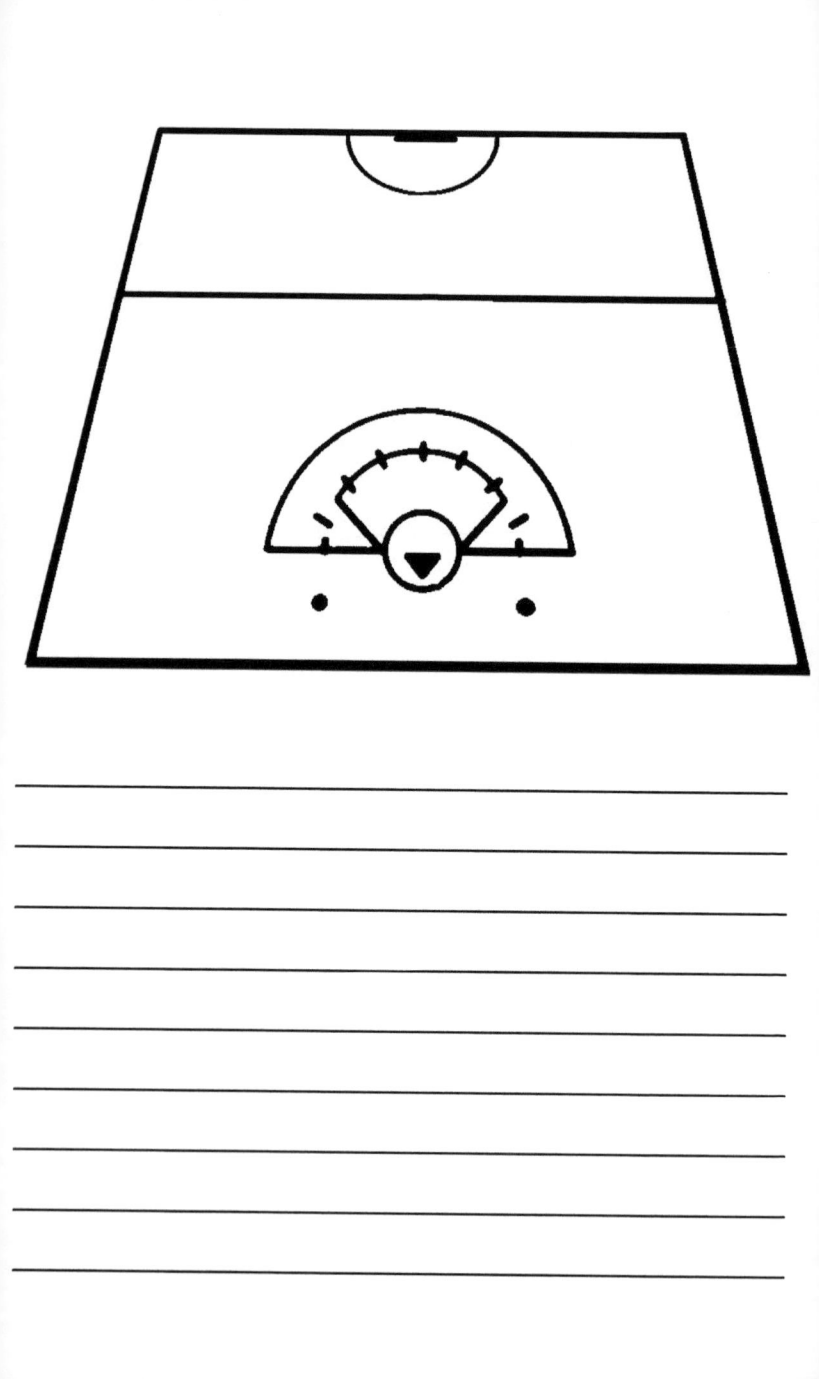

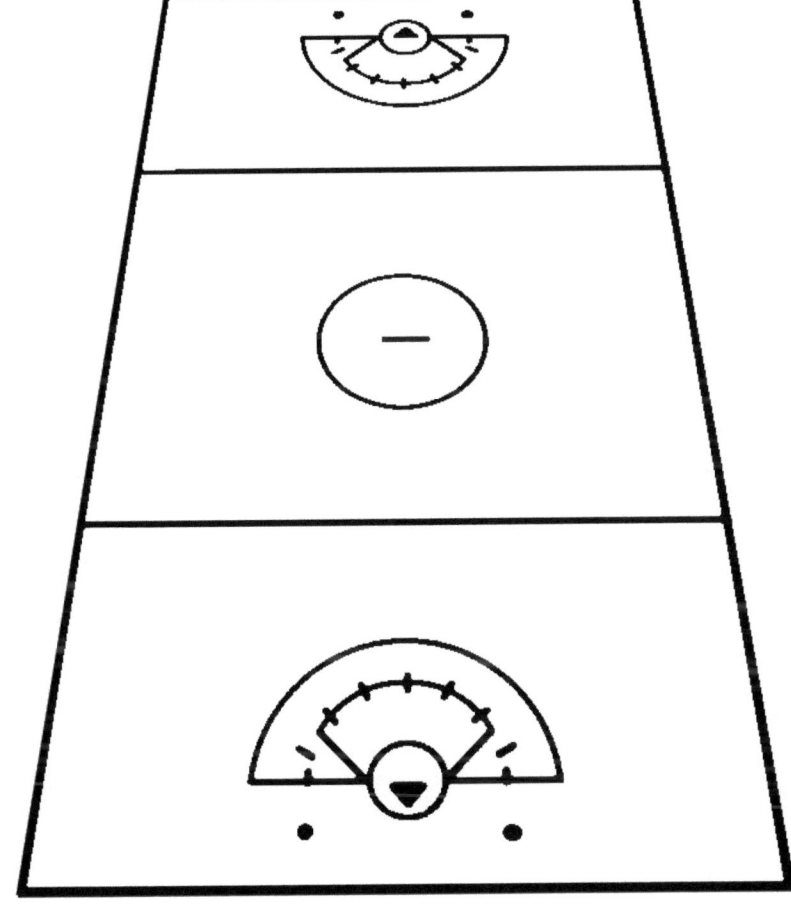

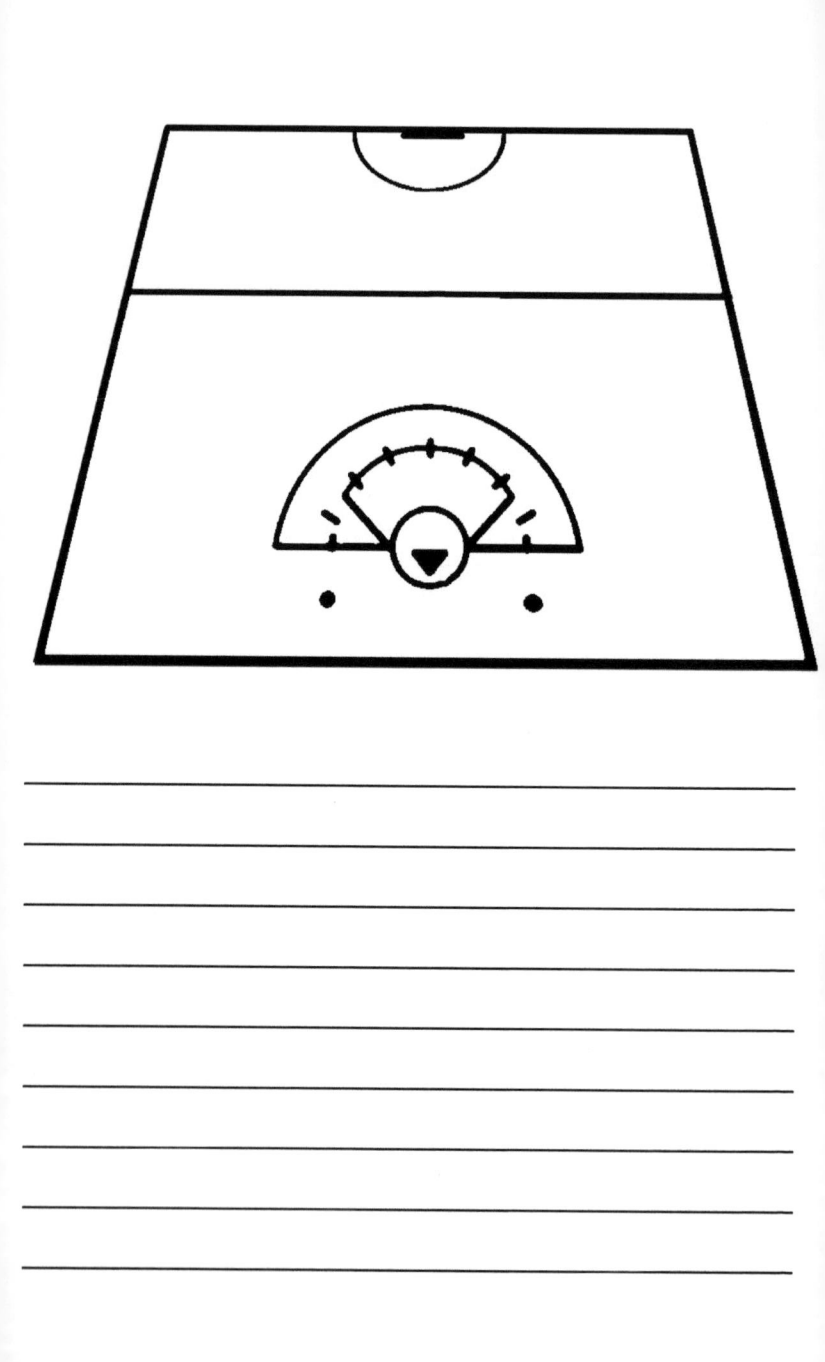

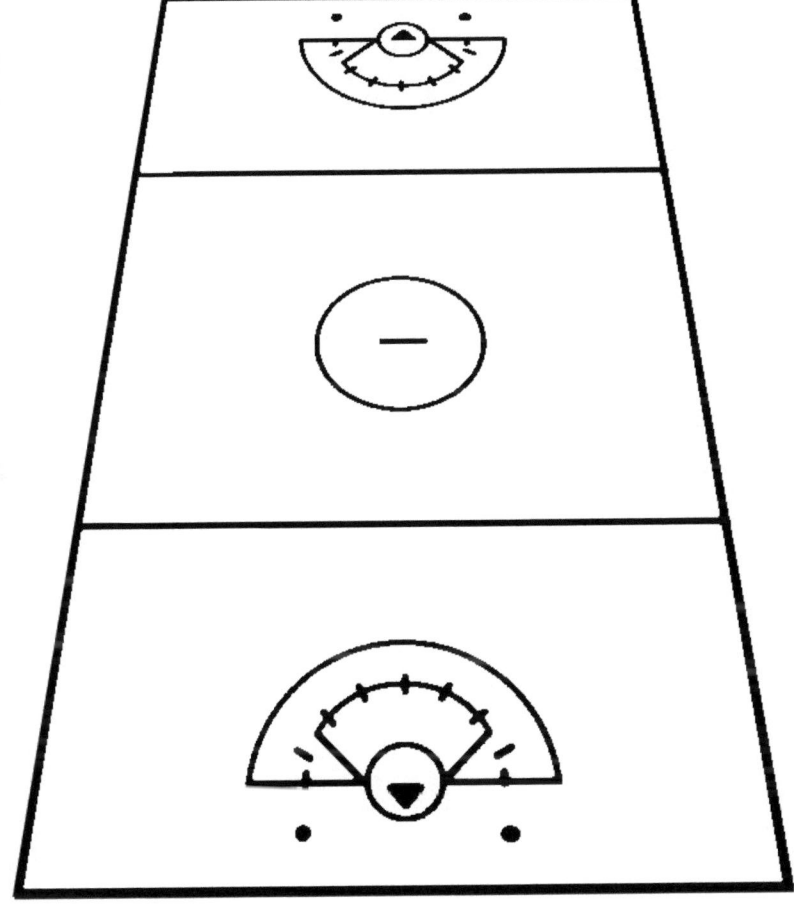

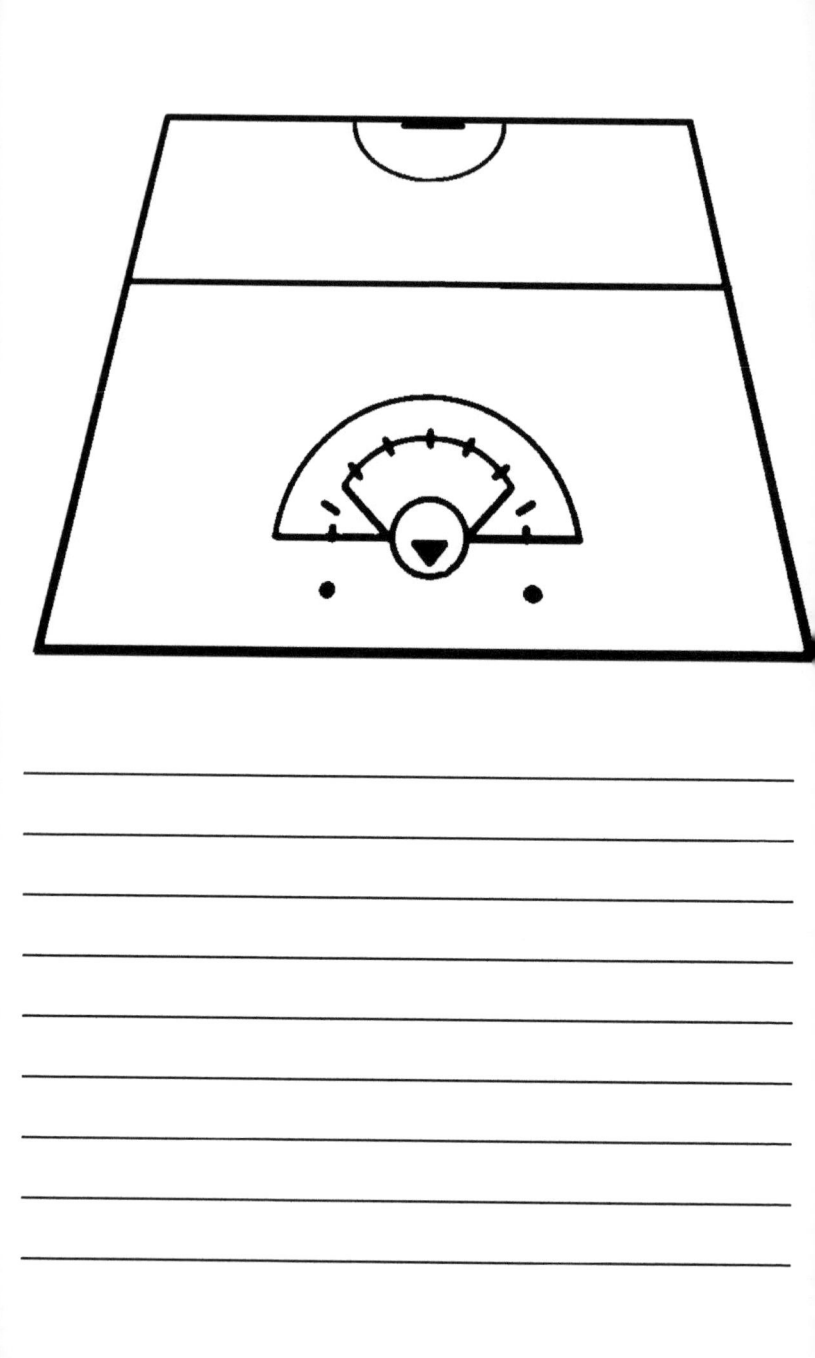

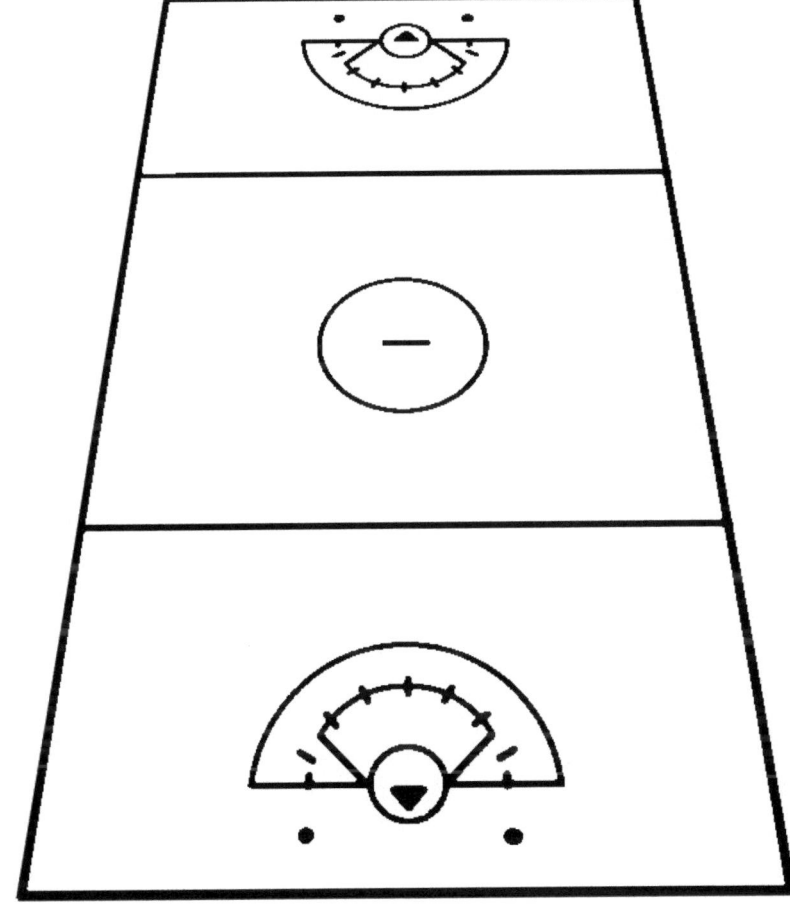

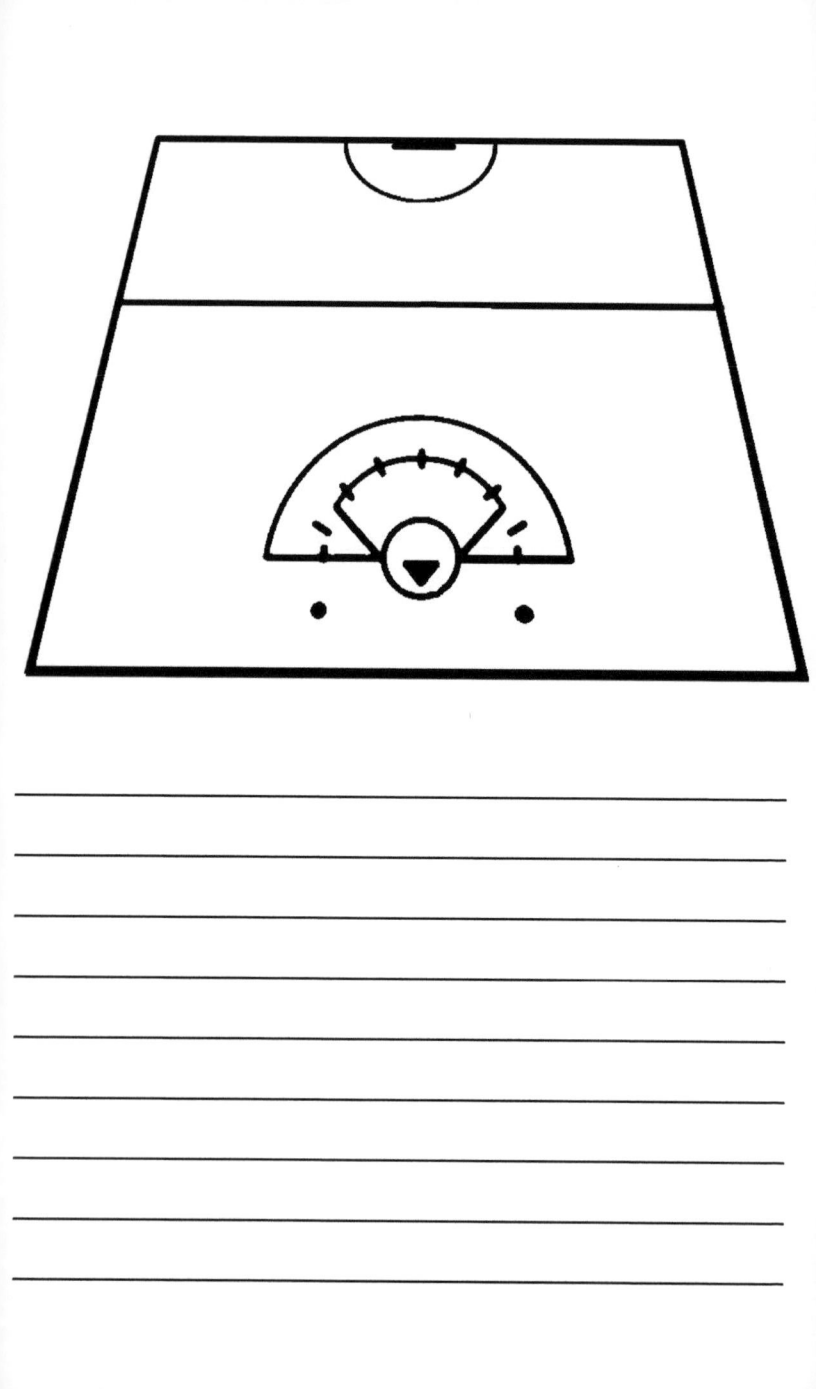

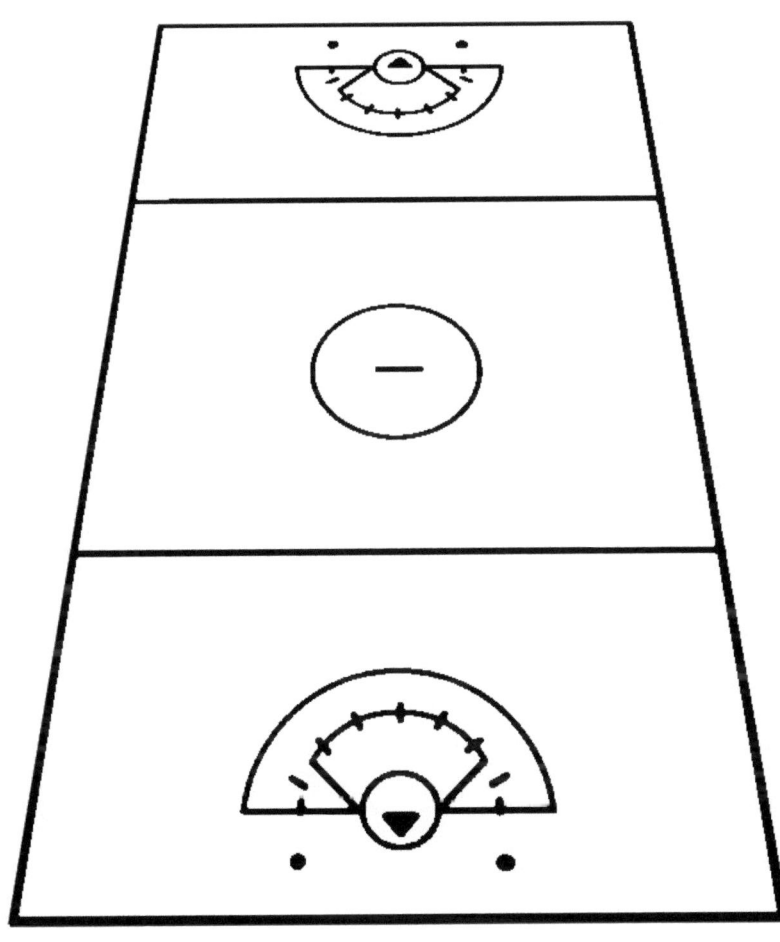

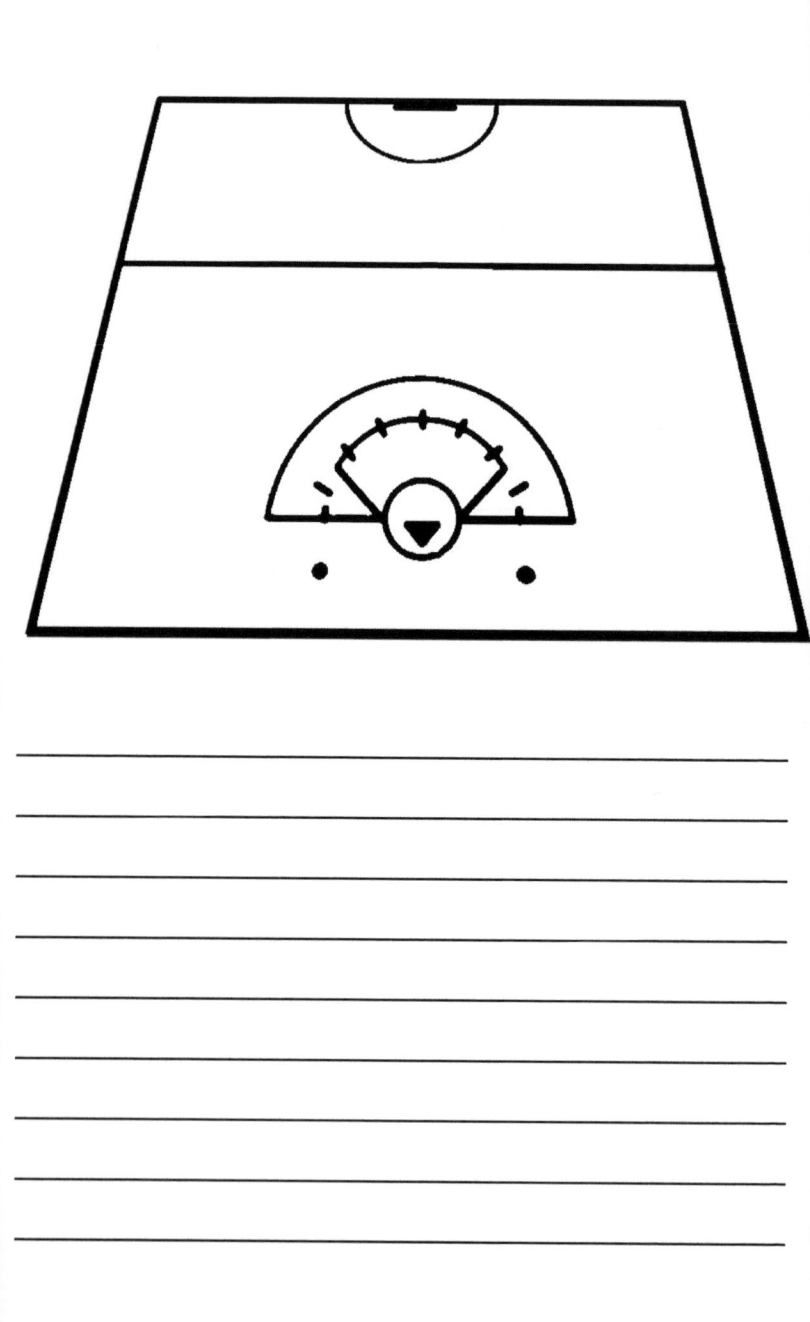

wusste nichts mehr, konnte gar keine Antwort geben.
Deswegen wurde er von der Lehrerin als wenig
intelligent eingestuft.

Die Tage nach seinem Tod waren die schlimmsten in
meinem Leben.
Immer wieder habe ich mich gefragt:, „Warum, warum
denn, warum?"
Ich konnte kaum etwas essen, denn ich bekam ein
schlechtes Gewissen.
Ich esse und er ist tot, er kann nichts mehr essen.

Vor drei Jahren hat mich sein Vermieter angerufen.
Daniel arbeitete damals als Objektverwalter bei einen
Putzdienst.
„Herr Kulik, was ist da los? Ich bin in Daniels
Wohnung gegangen
und wieder rückwärts raus gekommen. So einen Dreck
habe ich noch bei keinem meiner Mieter gesehen."
Ich bin dann zu der Wohnung gefahren, als ich wusste,
dass Daniel nicht zu Hause war. In dem Flur standen
mehrere Taschen
voll gepackt mit Reinigungsmitteln.
Pakete mit Putzmitteln, Wischlappen, Schwämmen und
Plastiksäcken
in der Küche gestapelt. Jede freie Stelle in dem

Wohnzimmer
war mit Kartons voll gestellt, in denen sich Reinigungsflüssigkeiten,
Lappen, Besen und Schwämme befanden.
In der Badewanne weichten im Wasser dreckige Putzlappen ein.
Auf der Schlafcouch lagen verschmutzte Teller mit ausgetrockneten
Essensresten, leeren Gläsern, nicht bezahlten Rechnungen,
Strafzetteln für nicht bezahlte
Bahnfahrten, Mahnungen wegen nicht ausgeglichenen Stromrechnungen,
GEZ und Handyrechnungen.
Die Kontoauszüge, Arbeitsbewerbungen und Arbeitsnotizen
aus mehreren Jahren lagen verteilt in den Schubladen, Regalen auf dem Fensterbrett und dem Bügeltisch.
Verdreckte
Kleidungsstücke, löchrige und neue Socken zusammen mit den gewaschenen
und nicht gebügelten Hosen und Hemden lagen in den Staubflocken der seit Wochen nicht gereinigten Wohnung.
Mitten in dem Wohnzimmer auf dem Boden, dort wo noch ein einziger freier,

nicht belegter Platz war, lag mit Tesafilm aufgeklebt ein wöchentlicher Arbeitsplan.
In zwei Tagen habe ich die Wohnung in Ordnung gebracht,
den Arbeitsplan an der Wand aufgehängt. Als Daniel in die Wohnung kam, habe ich ihn gefragt: „Daniel, was ist denn los?".
Früher warst du doch so ordentlich, du hast alles an seinen Platz gestellt?"
„Papa, ich habe überhaupt keine Zeit. Ich bin nur unterwegs.
Wenn ich ein bisschen frei habe, gehe ich in die Sauna, um zu entspannen."
„Wäschst du die Putzlappen alle per Hand in der Badewanne?"
„Was soll ich machen?", sagte er.
„Wir haben keinen Lagerraum in Frankfurt und keine Waschmaschine. Der Chef hat mir versprochen, einen Raum zu besorgen.
Aber das geht schon so seit einem Jahr."
„Wie transportierst du das alles zu den Putzstellen?", fragte ich ihn.
„Mit der Bahn und dem Bus. Ich habe ein paar Taschen und das schleppe ich mit".

Er hat immer mehr Aufgaben übernommen, als er bewältigen konnte. Er wusste instinktiv, dass es die einzige Chance war
den Job als Objektverwalter zu behalten, wenn er das leistet,
wozu die anderen nicht bereit waren.Aber je mehr Aufgaben er auf sich genommen hat,desto mehr versank er im Chaos und seine Wohnung auch.
„Ich fahre mit den Taschen mal nach Köln, dann nach Hanau,
oder auch nach Mannheim. Ich muss oft umsteigen. Wenn ein Zug sich verspätet, habe ich schon viel Zeit verloren,
weil der nächste Anschlusszug erst eine Stunde später kommt,
sagte er.
„Wie soll ich dann auch noch zu Hause putzen?"
Er schaute in die Regale, wo die einsortierten Kontoauszüge,
die nicht bezahlten Rechnungen
und ein Kreditvertrag lagen, und fragte mich:
„Was hast du hier herumgeschnüffelt?"
„Daniel ich habe nicht geschnüffelt,
ich habe bloß den ganzen Papierkram geordnet,
die Kontoauszüge in einen Ordner, die Arbeitsunterlagen in den anderen.

Übrigens, wieso hast du einen Kredit aufgenommen?"
„Musste ich voll".

Ein paar Tage später habe ich eine Waschmaschine gekauft und in den Waschraum gestellt. Er hat die Putzlappen jeden Tag in der Waschmaschine gewaschen.
Seine Nachbarin hatte keine Kinder und gab dem Daniel oft mütterliche Ratschläge: „Daniel, du kannst doch nicht die Putzlappen jeden Tag in der Waschmaschine bei 95 Grad waschen,
das wird sehr teuer, das kostet viel Strom."
Wenn ich ihren Mann getroffen habe, sagte er immer zu mir:
„Daniel ist ein lieber Kerl. Nur beim Putzen im Treppenhaus nimmt er es nicht so genau.
Na ja, er ist noch ein junger Kerl."

Ende April, am Sonntag kam Daniel zu mir, total aufgelöst, wütend,
verwirrt und gab nur Wortfetzen von sich, die ich kaum verstanden habe.
„Was ist los, Daniel?"
„Ich habe die Arbeit gekündigt und das Dienstauto

abgegeben.
Ich kann nicht mehr."
Ich musste heute am Sonntag zum Lager fahren und selbst putzen, weil die
Putzfrau nicht zur Arbeit kam. Am Samstag war es dasselbe.
Jeden Tag ruft der Chef wegen jedem Scheiß an."
„Wie bist du hierher gekommen?"
„Zu Fuß."
„Von Niedernberg hierher zu Fuß?"
„Ja."
Die Sohle von seinem Schuh war abgelöst, hing nur noch vorne fest.
„Wie kannst du mit dem Schuh laufen?"
„Papa, das ist unwichtig", sagte er zu mir und fing an, seine Faust auf die Stirn zu drücken, die Zähne zusammenzubeißen und wiederholte ständig. „Habe ich das richtig gemacht?
Habe ich das richtig gemacht? Doch, ich bin ein Mann. Ein Mann ein Wort.
Ich habe die ganze Firma zwei Monate lang am Leben gehalten,
als der Chef krank und im Urlaub war. Danach ging er noch zur Kur.
Er hatte versprochen, mich an der Firma zu beteiligen und in seinem Testament hat mich an erster Stelle

gesetzt.
Jetzt habe ich ihn gefragt: ‚Was ist mit der Beteiligung?'

Weißt du, was er gesagt hat: ‚Das hat sich erledigt.'
Das Testament hat er auch geändert, jetzt stehe ich an der zweiten Stelle.
Das schlimmste ist aber, dass ich gar keine Freizeit habe.
Ständig ruft er mich wegen jedem Mist an.
Wenn die Putzfrauen nicht zur Arbeit kommen, muss ich hin und putzen.
Ich habe ihm schon vor langem gesagt, dass wir zu wenig Putzpersonal haben.
Was hat er gemacht? Nichts. Ich muss nach Mannheim, nach Aschaffenburg,
Köln. Die Fahrzeiten werden nicht berechnet, nur die Arbeitszeit.
Dass ich zwei Stunden unterwegs bin, interessiert ihn nicht.
Um 4 Uhr morgens stehe ich auf. Um 6 kontrolliere ich wie die Frauen geputzt haben, dann nach Hause.
Personal planen,
Einstellungsgespräche führen,
Putzmittel besorgen, Putzlappen waschen, verteilen
und am Abend geht es wieder los, wenn die Büros leer

stehen.
 So geht das bis 22 Uhr.
Und das alles für 1150 Euro im Monat.
Wohnung 435 Euro, Strom 40 Euro, Telefon 50 Euro, die Monatskarte für S-Bahn und U-Bahn in Frankfurt 200 Euro.
Was bleibt da übrig?"
Davon muss ich Essen und Kleidung kaufen.
Da bleibt kein Cent für eine Kinokarte und schon gar nicht für den Urlaub. Ich habe dem Chef gesagt:
„Mindestens 50 Euro mehr im Monat oder ich kündige."
„Weißt du was er gesagt hat?" „ Ich lasse mich nicht erpressen." „Jetzt ist aber Schluss."
Ich habe mich an den Laptop gesetzt und im Internet nach Schuhen gesucht.
„Was machst du da?", fragte Daniel.
„Ich habe zwei Paar Schuhe bestellt, Daniel. Die passen bestimmt, Größe 47,
von der gleichen Firma, wie du sie jetzt hast."
„Glaubst du, ich bin ein Penner, der sich keine Schuhe kaufen kann?", fragte er mich.
„Daniel, ich will dir nur was schenken. Das macht doch jeder Vater."

Am nächsten Tag habe ich die Polizei in Frankfurt

angerufen.
„Können Sie mir sagen, wie das passiert ist?"
„Er hat sich vor den Zug geworfen."
„Kann ich ihn noch einmal sehen?"
„Nein, das dürfen sie nicht. Sein Gesicht ist nicht zu erkennen.
Er hatte seinen Personalausweis bei sich.
 Nur so wussten wir, wer er ist."
„Wo ist er jetzt?"
„Sein Leichnam wird untersucht. Hat er Drogen genommen?
Hat er Alkohol getrunken?"
„Nein, nein, bestimmt nicht. Er hat nicht mal geraucht. Wie geht das weiter?"
„Sie müssen ein Beerdigungsinstitut beauftragen.
Wenn sein Leichnam freigegeben wird, können Sie seine Sachen,
die er bei sich gehabt hat, abholen und ihn bestatten."
„Können Sie mir sagen, wo das genau passiert ist?"
„Am Knötcrichwcg in Dockenheim am Gleis Nr. 18.
Sie dürfen aber nicht auf die Gleise gehen."
„Ich möchte nur die Stelle sehen."

Am nächsten Tag bin ich mit meiner Lebensgefährtin Ulli zu der

gefahren. Ich habe eine Rose gekauft und wollte sie an die entsprechende
Stelle legen. Wir fuhren an den Knöterichweg, konnten aber
mit dem Auto nicht weiter fahren, da dort nur noch ein Fußgängerweg entlang der Schienen war.
Nach einem Kilometer ging es weiter durch eine Bahnunterführung
auf die andere Seite der Schienen.
Zwischen dem Weg und den Schienen versperrten dicke Sträucher die Sicht.
An einer Stelle, vielleicht 100 Meter vor der Autobahn-A66-Brücke waren die Sträucher rausgeschnitten.

„Das muss diese Stelle sein", sagte ich zu Ulli.

„Pass aber auf."

Ich ging auf die Gleise und suchte nach einer Spur von Daniel, vielleicht noch sein Blut, oder was ihm gehört hatte.Ich sah keine Spur, nichts. Wahrscheinlich wurde die Stelle gesäubert.

Ich legte die Rose an die Gleise und hörte plötzlich ein Zugsignal.Vollkommen erschrocken drehte ich mich um und sah den Zug auf mich zukommen. Er war nur noch 100 Meter von mir entfernt. Ich sprang runter.

Ich hatte Glück, dass der Zugführer mich gesehen hat.

Ulli schrie vor Schreck:
„Hast du den Zug nicht gehört?"
„Nein, überhaupt nicht. Den hörst du gar nicht",
sagte ich und merkte, dass meine Knie weich sind.
Wir gingen durch den Park zu dem Auto zurück.
Ab und zu joggten junge Frauen und Männer uns entgegen
und ich dachte an Daniel, der nie wieder hier laufen wird.
Auf einer Bank saß eine junge Frau und las einem alten Mann,
der im Rollstuhl zugedeckt saß, aus einem Buch laut vor.
Der Mann war wahrscheinlich gelähmt, denn er hielt den Kopf
ganz nach links verdreht,
obwohl die Frau rechts von ihm saß.

„Ich dachte, dass Daniel mit der S-Bahn gefahren ist und dann an der Stelle,
wo wir das Auto abgestellt haben, ausgestiegen ist",
sage ich zu Ulli.
„Es kann aber nicht sein, dass er einen Kilometer auf den Schienen
dem Zug entgegen ging. Er ist wahrscheinlich durch den Park gelaufen und dann auf die Schienen

gegangen."

Die nächsten Tage habe ich mich immer wieder gefragt:
„Warum, warum hat er das gemacht?"
Im Internet habe ich nach Seiten über den Freitod von jungen Leuten gesucht.
Die meisten jungen Männer, die den Freitod suchen, sind zwischen 19 und 29 Jahre alt, habe ich herausgefunden.
Daniel war 29 Jahre alt.
Es gibt viele Ursachen dafür, dass sie sich für Selbstmord entscheiden.
Meistens haben sie so viele Probleme, dass sie keinen Ausweg
aus ihrer Situation sehen. Die Wenigsten lassen erkennen,
dass sie Selbstmordgedanken haben. Manche setzen ein Zeichen,
 der als Hilferuf an ihr Umfeld verstanden werden soll,
der aber nicht verstanden wird, weil er in dem täglichen Lärm nicht hörbar ist.
Sie quälen sich mit den Gedanken, – das kann man sehen. Es wird aber meist nur gefragt:
„Was hast du Junge?" Auf eine Antwort wird nicht gewartet.

Sie verraten nichts, weil sie enttäuscht sind, dass keiner ihre Hilferufe verstanden hat.
Wenn sie sich schon für den Selbsttod entschieden haben,
wirken sie friedlich und zufrieden.
Sie haben eine Lösung für ihre Probleme gefunden, einen Ausweg.
Jetzt suchen sie noch danach, auf welche Art sie sich umbringen.
Das dauert noch ein paar Tage, dann führen sie es aus.

„Das letze mal habe ich Daniel glücklich im Januar 2015 gesehen ", sagte ich zu Ulli, als wir am Abend zusammensaßen.
„Als er aus dem Urlaub in Ägypten kam."
Sein Chef hatte ihm einen Urlaubsgutschein geschenkt.
„Ja, da war er braun gebrannt, strahlte über das ganze Gesicht.
Angezogen war er wie ein Model, und so hat er auch ausgesehen.
Es war ein hübscher Junge."
Wir haben uns damals, 2015, auf dem Weihnachtsmarkt in Frankfurt getroffen,
haben Spießbraten gegessen und Glühwein getrunken.
Er erzählte begeistert von seinem Urlaub und, dass er eine Frau aus Würzburg kennengelernt und sich mir ihr

verabredet hatte.

Eine Woche später hat mich die Polizei aus Frankfurt angerufen,
dass ich Daniels Sachen abholen kann. Die Staatsanwaltschaft hatte seinen
Leichnam freigegeben, und ich durfte in Daniels Wohnung reingehen.
Wir fuhren nach Frankfurt und bekamen sein Handy,
seine Brieftasche – gefüllt mit Kontoauszügen von drei Monaten,
einem 10 Euro-Schein und unzähligen Bonuskarten –, und die
Wohnungsschlüssel.
Auf dem letzten Kontoauszug betrug der Kontostand minus 1350 Euro und das Limit lag bei 1500 Euro.
Bis zu seinem nächsten Gehalt waren es noch über zwei Wochen,
denn er bekam sein Gehalt am 15. des Monats überwiesen.
Die Sachen waren nicht beschädigt.
„Wurde Daniel überfahren?", fragte ich die Polizistin.
„Nein, er lag an der Seite. Der Zug hat ihn auf die Seite geschleudert."

Als ich nach Hause kam, habe ich sein Handy

eingeschaltet.
Ich wollte wissen mit wem er vor seinem Tod
telefoniert oder SMS
ausgetauscht hat.
Es waren viele Adressen gespeichert, aber die letzten
SMS hat er mit Jörg ausgetauscht.
Sie hatten sich am Donnerstag für Freitagabend
verabredet, um zusammen auszugehen.
Es war schon der 10. Juni und Jörg hat per SMS
gefragt,
warum Daniel sich nicht meldet.
Ich habe am nächsten Tag eine SMS an Jörg geschickt
mit der Meldung: „Jörg, Daniel kann dir nicht
schreiben."
Am nächsten Tag hat er mich per SMS gefragt, ob
Daniel im Krankenhaus
liegt und ob er ihn besuchen kann.
Ich habe dann Jörg angerufen:
„Jörg, es ist schlimmer."
Ich habe eine halbe Minute geschwiegen.
„Was ist mit Daniel?", fragte er.
„Jorg, Daniel ist tot, er hat sich vor den Zug
geworfen."
„Nein, das ist nicht möglich. Das kann nicht sein",
sagte Jörg. „Das ist unmöglich. ... Wo war das?"
„Es war im Bockenheim, im Park am Knöterichweg,

nicht weit von der Brücke der A66."
„Woher kennt ihr euch?", fragte ich.
„Wir haben zusammen die Realabendschule gemacht."
„Weißt du Jörg, Daniel erzählte mir sehr wenig von sich selbst.
Hatte er irgendwelche Probleme gehabt?"
„Er war ein stolzer junger Mann", sagte mir Jörg."
Er musste Geld sparen.Seitdem er die Arbeit gekündigt hat, ist er nur zu Fuß
in Frankfurt gelaufen. 6,60 Euro kostet eine Fahrt mit der Bahn."
„Ach so, er hat mir auch einmal gesagt, als ich mit ihm telefoniert habe:
„Ich bin von zu Hause nach Offenbach zu Fuß gelaufen.'
‚Wieso?', habe ich ihn gefragt.
‚Eine Fahrt kostet 6,60 Euro.'
Ich habe mir aber gedacht, dass er das nur einmal so gemacht hat.
Ich wusste nicht, dass er täglich in Frankfurt nur zu Fuß läuft."
„Doch, doch, sagte Jörg, er lief nur zu Fuß, schon den ganzen Monat,
seitdem er kein Auto hatte."
„Hatte er Geldprobleme gehabt?"
„Eigentlich nicht, wir haben uns ab und zu gegenseitig

Geld geliehen,
aber er hat mir immer das Geld zurückgegeben. …
„Wann ist das Begräbnis, kann ich kommen, um mich von ihm zu
verabschieden?"
„Jörg, wir wollen ihn nur im engsten Kreis beerdigen, du kannst aber ein andermal kommen. Er wird im Grab seiner Mutter,
die 2003 gestorben ist, beerdigt, in Aschaffenburg, Schweinheim."
„Okay, sagte Jörg, ich komme nach dem Begräbnis mit den anderen von Daniels Freunden, um mich von ihm zu verabschieden."
„Jörg, ich wünsche dir alles Gute. Tschüss, Jörg."
„Tschüss."

Ich fing an darüber nachzudenken, was Jörg mir gesagt hatte,
dass Daniel nur zu Fuß gelaufen ist, um Geld zu sparen.
Vielleicht ist er durch den Park gelaufen und hat nur eine Abkürzung über die Gleise genommen.
Wo ist er aber um 5 Uhr 55 hingegangen? Das passt nicht.
Und wieso hat er mir nicht gesagt, dass er Geld braucht?

Ich hätte ihm doch das Geld gegeben.
Wahrscheinlich war er zu stolz, mich um Geld zu bitten.
Ich hätte im Alter von 29 Jahre auch nicht meinen Vater um Geld gebeten.
Ich glaube, er kam nicht so gerne, um mich zu besuchen,
obwohl er oft in Aschaffenburg war.
Hätte ich meinen Vater oft besuchen wollen, wenn meine Mutter tot wäre?
Auch nicht. Sich Ratschläge anzuhören, alle diese Sprüche:
„Ich hätte das aber anders gemacht", diese Besserwisserei.
Warum habe ich nicht mit ihm wie mit einem Kumpel gesprochen
und über seine Fehler nur gelächelt und gesagt:
„Na ja, das ist mir auch schon passiert."
Aber welcher Vater macht nicht denselben Fehler und gibt dem Sohn
Ratschläge?

Ich habe bei Google nach der Stelle im Park gesucht.
Sie war 100 Meter vor der Autobahnbrücke A66 entfernt.
Ich verfolgte die Gleise in der entgegen-gesetzten

Richtung,
wo sich nach 200 Metern eine Unterführung unter den Schienen befand. Ich habe seine Adresse in Frankfurt-Hausen eingegeben und dann die Route zu Fuß zur Frankfurter Innenstadt. Die Strecke führte genau durch diese Unterführung.
Vielleicht war es kein Selbstmord, vielleicht ist er da immer gelaufen. Aber warum ist er nicht durch diese Unterführung gegangen?. Hatte er Angst vor den Obdachlosen die da übernachteten?
Er ist wahrscheinlich jeden Tag diesen Weg gelaufen, seit dem 1. Mai, als er das Auto bei seiner alten Firma abgegeben hatte.
Ich mache mir ständig Vorwürfe, dass ich ihn nicht besucht habe, als ich am 20. Mai in Frankfurt war.
Ich war sehr müde, ich stand schon eine halbe Stunde im Stau und wollte nur nach Hause.

Ich habe Daniel angerufen und kurz mit ihm gesprochen.
Seine Stimme klang irgendwie müde. Er war nie gesprächig,
daher habe ich mir nichts dabei gedacht. Jetzt mache ich mir ständig Vorwürfe:
„Warum habe ich ihn nicht besucht? Vielleicht hätte er mir was erzählt

von seinen Problemen, vielleicht wäre das Ganze nicht passiert."
Obwohl,am 16. Mai war Daniel bei mir und wir haben gefeiert, den
Geburtstag seiner Schwester Anna.
Wir haben uns lange unterhalten. Ich habe ihn gefragt: „Hast du schon eine andere Arbeit gefunden?"
„Ja, ja, ich kriege eine Stelle bei einer großen Reinigungsfirma,
die mehrere Filialen in Hessen hat", sagte er. „Ein Dienstwagen
kriege ich auch und die Bezahlung ist auf jeden Fall besser."
Das hat mich beruhigt. Meine Tochter, mit ihrem Freund
und ihrem Sohn, gingen nach Hause, und ich saß mit
Daniel noch lange zusammen, und wir haben uns über dieses und jenes unterhalten.

1986 kam Daniel aus dem Körper meiner Frau mit pechschwarzen Haaren auf die Welt. Bis dahin hatte ich noch nie gesehen, dass ein neugeborenes Kind schon alle Haare hat.
Seine Schwester war bereits 15 Monate alt und bis dahin
wohnten wir in einer Dreizimmerwohnung.

Wir haben noch ein Zimmer gebraucht.
Weil uns das Geld für ein ganzes Haus fehlte,
haben wir in Idstein eine Doppelhaushälfte gekauft, als Ausbauhaus.
Ich habe mir gedacht, das kann ich auch, ein Haus selbst ausbauen
und noch eine Menge Geld sparen. Weit gefehlt.
Jede freie Stunde habe ich in den Ausbau gesteckt, und das Geld war auch schon weg.
Jetzt bedaure ich sehr, dass ich mich so wenig mit den Kindern
beschäftigt und die ganze Kindererziehung meiner Frau überlasse habe. Ich dachte mir damals: „Die Kinder haben es doch wunderschön, einen eigenen Garten, wo sie spielen können, eigene schöne Zimmer."
Dass Daniel Probleme mit der Motorik hat, haben wir erst bemerkt,
als er vier Jahre alt war. Der Kinderarzt hat uns einen Krankengymnasten
für Daniel empfohlen. Wir gingen da auch hin.
Empfangen hat uns eine Frau, die nicht weniger als 140 Kilo wog.
Sie konnte nicht in die Hocke gehen,
als sie die Übungen mit Daniel anfing, da der Bauch das verhinderte.

Dann kam noch ihr Mann, der ihr helfen wollte. Er erzählte uns,
dass er früher als Schmied gearbeitet hat und sich seit kurzem zum
Krankengymnasten umschulen ließ. In dem ganzen Raum waren nur ein großer Ball, eine verschmutzte Matte und an der Wand eine Kletterleiter.
Wir gingen nie wieder dahin, denn wir dachten, dass das nur eine
Zeitverschwendung ist.
Daniel hatte ein paar Freunde aus der Umgebung, mit denen er spielte. Die merkten aber, dass Daniel nicht so beweglich ist wie sie und haben ihn oft stehen lassen.
Dann kam er zu mir und sagte: „Papa, ich habe keinen zum
Spielen." Aus Angst, diese wenigen Freunde zu verlieren, ließ er sich von ihnen dirigieren.
Die eingeschränkte Motorik hat es ihm auch erschwert, manche Sachen so schnell zu lernen wie andere Kinder.
Wir merkten, dass Daniel sich langsamer entwickelt, als seine Freunde.
Seine Bewegungen waren zackig, nicht ganz koordiniert, er hatte
beispielsweise Probleme die Legosteine nach bestimmten Mustern
zusammen zu bauen.

Eines konnte er besser als die anderen: Er fuhr
Kettcar den Berg runter mit einem Affentempo, mit
großer Geschicklichkeit umfuhr er die Hindernisse
und blieb vor einem Baum stehen.
Wir dachten, es wird sich schon geben mit der Zeit,
wenn er größer wird.
Ob sein Handicap dadurch entstanden ist, dass meine
Frau,
kurz vor der Geburt, bei starken Wehen keine Luft
bekam,
weil kein Arzt in der Zeit in dem kleinen Krankenhaus
war?
Das kleine Gehirn von Daniel
bekam mehrere Minuten nicht richtig Sauerstoff.
Nervenzellen starben ab.
Ich habe den Arzt gefragt, wie das sein konnte, dass
damals kein Arzt in dem Krankenhaus war. Er hat dem
energisch widersprochen.
Was sollte ich machen? Wie sollten wir einen Anwalt
bezahlen?
Wir haben uns entschlossen, Daniel ein Jahr später, mit
sieben, in die Schule zu schicken.

Aber alles kam anders, als ich dachte. Meine Frau litt
unter einer manischen Depression. In dem sechsten
Jahr in Idstein wurde sie wieder manisch.

Sie war in den Wechseljahren. Der durcheinander
geratene Hormonhaushalt begünstigte den Ausbruch
dieser Krankheit.
„Die Nachbarn ärgern mich, die reden hinter meinen
Rücken ganz schlimme Dinge über mich und lachen
mich aus.
Sie machen Licht am Abend in ihren Fenstern, um mir
zu zeigen, dass ich eine schlechte Frau bin." Das
erzählte sie mir jeden Tag und wollte unbedingt aus
Idstein wegziehen.
Wir verkauften das Haus und sind nach Aschaffenburg
umgezogen. Ein Haus konnten wir uns nicht mehr
leisten und ich konnte nicht wissen, ob meine Frau
nach einer bestimmten Zeit wieder das Haus verlassen
will.

Heute kam meine Tochter zu mir.
Ich sagte ihr, wenn ich draußen sitze
und die Augen zumache, dann sehe ich Daniel
wie der Zug auf ihn aufprallt, ihn zertrümmert.
„Ich schreibe ein Buch über Daniel, denn so ein Kerl
darf nicht vergessen werden."
„Papa, Daniel wird nicht vergessen. Heute war Gjon
mit Daniels Freunden

bei mir, hat mich gefragt, wie sie sein Grab finden.
Daniel wollte bestimmt nicht, dass du so traurig bist.
Wir werden ihn bestimmt nicht vergessen. Das Leben
geht aber weiter und wir brauchen dich, Papa."

Ich fragte meine Tochter, ob sie sich noch daran
erinnern könne, wie ich Daniel zwei Tage nicht hatte
erreichen können. Am dritten Tag
war ich dann zu ihm gefahren.
„Wieso gehst du nicht ans Telefon, Daniel?", hatte ich
ihn gefragt.
„Ich habe mein Telefon in dem Pfandhaus gelassen",
hatte er geantwortet.
„Den Laptop auch?"
„Ja."
„Okay, komm wir fahren und holen die Sachen raus."
Wir waren in eine Imbissmetzgerei gegangen und
Daniel hatte
ein Schnitzel mit Pommes gegessen.
„Daniel, es muss doch nicht sein, dass du hungerst.
Kauf doch zehn Packungen Nudeln bei Aldi und ein
paar Dosen, da hast du immer
was zu essen, auch wenn du kein Geld hast."
Wir waren zum Aldi gefahren, hatten mehrere
Packungen Nudeln,
Eier, Wurst und Käse gekauft.

Dann waren wir zu dem Pfandhaus gegangen
und hatten für 70 Euro Daniels Handy zurückgekauft.
„Was ist mit dem Laptop?", hatte ich ihn gefragt.
„Am Montag kriege ich mein Gehalt und dann hole ich
den Laptop."

Als Daniel noch in der ersten Klasse der Sonderschule
war, wurde meine Frau immer manischer. In der
Überzeugung, dass der Nachbar, der neben uns wohnte,
ein Gott ist, hat sie ihn angehimmelt. Seine Frau und
deren Vater schmissen uns glühende Zigaretten auf den
Kopf, als wir an ihrem Haus vorbeigingen, weil sie
glaubten, Eva wolle den Nachbar verführen.
Eines Abends sagte Eva: „Ich gehe in den Keller, um
mich um die Wäsche zu kümmern", und verschwand.
Ich suchte nach ihr die ganze Umgebung ab. Anna und
Daniel waren traurig und sagten, wenn Mama uns
verlässt, dann soll sie auch gehen.
Ich fragte bei der Polizei nach meiner Frau. Sie sagten
mir: „Ihre Frau hat sich bei den Nachbarn versteckt.
Sie glaubt, dass Sie ihr was antun wollen. Ich sagte:
„Meine Frau ist manisch."
Am nächsten Tag wurde mir telefonisch mitgeteilt,
dass meine Frau in dem psychiatrischen Krankenhaus
in Lohr ist.
Ich stand ganz alleine mit den beiden Kindern da.

Zwischen
den Fahrten zur Arbeit, den Besuchen in Lohr, dem Kochen, dem Putzen und dem die Kinder nach der Schule Fragen, blieb mir keine Zeit übrig, fünf Jahre lang.
Fünf Jahre lang war Eva mal zu Hause oder in Lohr, wenn ihre Angst vor dem Licht im Fenster der Nachbarn, vor dem Autohupen, vor den Begegnungen mit anderen Leuten größer wurde. Die manische Phase ging in die depressive Phase über. Diese wurde erträglicher für die Familie und Eva wurde nach Hause entlassen.

Daniel war schon in der sechsten Klasse der Sonderschule und ich habe angefangen mir Gedanken über seine Zukunft zu machen,
weil ich mir das endlich zeitlich erlauben konnte.
Ich schaute jetzt öfters in Daniels Schulbücher und Hefte und
merkte erst zu diesem Zeitpunkt, dass der Lehrstoff auf einem sehr niedrigen Niveau war.
Der Englischunterricht fehlte ganz.
Ich kaufte das Buch „Powerkurs für Anfänger Englisch".
Ich staunte wie gerne und schnell Daniel Englisch lernt.

In den drei Monaten hat er schon richtig
Englisch gesprochen und Texte gelesen.
Ich fragte mich: „Was macht der Bub in der
Sonderschule?"
Ich ging zu dem Rektor und sagte: „Ich möchte, dass
Daniel in die Hauptschule wechselt."
„Das können sie nicht machen. Ich zeige ihnen Daniels
Intelligenztests.
Er ist sehr wenig begabt."
„Das glaube ich nicht, er ist einfach sehr schüchtern
und unsicher, wenn jemand vor ihm steht und auf das
Ergebnis wartet.
Er hat in drei Monaten mit mir zu Hause Englisch
gelernt,
weil er nicht unter Druck stand und
das Lernen ihm Spaß gemacht hat."
„Wie Sie wollen, aber ich sage ihnen, er schafft nicht
die Hauptschule",sagte der Rektor.
„Ich mache es, auf eigene Verantwortung, er schafft die
Hauptschule."

Daniel ging in die Hauptschule in die fünfte Klasse. Er
wurde ein Jahr zurückgesetzt,
um ihm den Übergang zu erleichtern.
Es war nicht so einfach für ihn, denn er war fremd in
der Klasse,

das Niveau der Schüler war höher als in der Sonderschule.
Manche Schüler machten aus ihrer Verwunderung keinen Hehl,
warum Daniel manche Sachen aus dem vergangenen Lehrstoff,
die für sie selbstverständlich waren, nicht wusste.
Sein bester Freund in der Schule, Sohn eines Spätaussiedlers,
hatte ziemlich schlechte Noten und schwänzte die Schule.
Daniels Noten waren nie besser als eine Drei, aber er ist in die sechste und siebte Klasse gekommen.

Im November 1998 als Daniel in der fünften Klasse war, kam Eva
nach einer Untersuchung beim Frauenarzt nach Hause und sagte, dass die Ärztin einen Verdacht auf Brustkrebs bei ihr hat, sie solle sich aber keine Sorgen machen und nach Weihnachten noch mal
zu der Untersuchung kommen.
„Eva, so lange werden wir nicht warten", habe ich gesagt.
Am nächsten Tag sind wir in die Klinik gefahren.
Die Diagnose lautete: Brustkrebs mit Metastasen.

Wir waren alle betrübt, konnten aber nicht darüber reden. Das Leben ging weiter, aber nichts war wie vorher.
Jeder von uns hat die traurigen Gedanken für sich behalten und tat so, als wäre alles wie vorher.
Die zweite Chemotherapie folgte schon nach zwei Jahren
und hat den Rest der Hoffnung auf eine Genesung zunichte gemacht.

Daniel hat sich für Fußball begeistert. Wir gingen auf die Wiese und haben zusammen gespielt. Er hat sich bei dem Verein BSC angemeldet.
Wir fuhren zu den Spielen, standen oft im Herbst im Regen und Daniel durfte nur eine letzte Spielminute spielen. Alle Jungs waren schneller und wendiger als er.
Das hat ihm sehr zugesetzt und deprimiert. Ich weiß noch, wie er beim Training auf einen Spieler, der ihm den Ball abgenommen hat, mit den Fäusten einschlug. Dann aber hat er sich auf den Boden geworfen aus Angst, dass sein Gegner auf ihn einschlägt.

Einer von seinen Kumpeln hat den Führerschein

für das Moped gemacht, und Daniel wollte das auch machen.
Ich habe ein gebrauchtes Moped gekauft, das mal fuhr, mal stehenblieb. Den Führerschein hat Daniel aber nicht geschafft. Obwohl er die theoretische Prüfung bestanden hat,
ist er an der praktischen gescheitert. Er konnte Fragen wie
„Was machst du, wen das Moped nicht zündet?", nicht beantworten.
Er hatte kein technisches Verständnis.
Die Noten in der Schule waren nicht so schlecht, mit Ausnahme in Mathe.
Der Unterschied zu der Sonderschule war groß.
Ihm fehlte der Unterricht der dritten
und vierten Klasse der Grundschule. Er ließ sich aber nicht helfen.
Ich habe oft versucht, mit ihm die Matheaufgaben zu lösen.
Ich habe ihm erklärt: „Wenn zwei Züge mit verschiedenen Geschwindigkeiten aufeinander zu fahren, ist die Zeit, in der die sich treffen dieselbe, aber nicht die Strecke, die diese zurückgelegt haben."
„Mache ich nicht, ist mir egal, du kannst mich schlagen, ich mache es nicht." Er hat sich vollkommen gesperrt.

Da zählte kein Argument, keine Bitte und keine Drohung haben geholfen. Er wollte diese Aufgabe nicht machen.

Nachts am 3.01.2003 ist seine Mutter gestorben. Wir haben den Arzt angerufen und dann das Bestattungsinstitut. Als Eva abgeholt wurde, habe ich gesagt:
„Kommt Kinder, wir gehen zusammen spazieren."
Es war ein sonniger und warmer Tag, obwohl erst Januar war.
Wir gingen ohne ein Wort zu sagen nebeneinander her, alle drei in die eigenen Gedanken vertieft. Das ganze Jahr 2003 war sonnig, von Januar bis Oktober, wie selten zuvor.

Und jetzt 2015, als Daniel gestorben ist, ist wieder ein wunderschöner Sommer, und ich denke: „In zwölf Jahren, 2027, wird vielleicht wieder ein schöner Sommer."
Dann wird die Zeit für mich zu sterben.

Daniel war jetzt in der letzten Klasse der Hauptschule. Eines Tages hat mir der Mathelehrer geschrieben, ich möchte bitte in die Sprechstunde kommen.
„Was ist mit Daniel los? Er beteiligt sich nicht am

Unterricht, sitzt total abwesend in der Klasse", sagte
der Lehrer.
„Seine Mutter ist gestorben", habe ich zu ihm gesagt.
„Ach so, jetzt verstehe ich das. Herzliches Beileid."
Es war dem Mitleid des Mathelehrers mit Daniel zu
verdanken,
dass Daniel statt einer Sechs in Mathematik, eine Vier
bekommen hat und die Schule beenden konnte.

Jetzt fing der schwierigste Abschnitt in seinem Leben
an:
Die Suche nach einer Lehrstelle.
Mehrere Bewerbungen, Monat für Monat, blieben ohne
Antwort.
Mit den Noten Drei und Vier in Mathematik, war es
hoffnungslos.
Eines Tages wurde er von einem Dachdecker
eingeladen, in diesen Beruf rein-zuschnuppern.
Er kam zufrieden nach Hause, zeigte mir stolz einen
100-Euroschein, den er vom Besitzer der Firma als
Belohnung bekommen hatte und wollte Dachdecker als
Beruf lernen.
„Die verdienen gutes Geld", sagte er mir.
„Daniel, ich kann das nicht zulassen. Du weißt doch,

dass du Probleme mit der Motorik hast. Du bist nicht so flink.
Weißt du noch, als wir beim Ohrenarzt waren, da hat er gesagt, dass du mit dem Gleichgewicht Probleme hast.
Du würdest doch als erster vom Dach fallen."
Daniel schaute mich enttäuscht an und ging in sein Zimmer.

Da er keine Lehrstelle bekam, ging er ein Jahr
in die Berufsvorbereitungsschule, Metallbearbeitung lernen.
Am letzten Tag der Schule wurden die Eltern zu einer Besprechung eingeladen. Der Lehrer zeigte mir einen nur zur Hälfte fertigen Hammer und sagte:
„Schauen Sie bitte. Alle Schüler sind längst fertig mit dem Hammer ,
aber Daniel hat gerade die Hälfte geschafft.
Ich muss Ihnen sagen, Daniel wird in jeder Gemeinschaft untergehen.
Er ist zu langsam."
„Was kann ich machen?", fragte ich. „Er gilt nicht als behindert, aber
für ein normales Leben ist er nicht gerüstet.
Wenn er richtig behindert wäre, könnte er in einem Betrieb,
oder bei der Stadtverwaltung eine Stelle bekommen,

aber so ist es fast aussichtslos für ihn eine Ausbildung zu bekommen."
„Es tut mir leid. Ich weiß auch nicht, wie ich Ihnen helfen könnte", sagte der Lehrer.

Ich nehme die Sachen, die Daniel gehört haben, in die Hand; ein Schweizer Taschenmesser, ein Vergrößerungsglas. Ich sehe Daniel kurz vor meinem inneren Auge, dann verschwindet das Bild in der Dunkelheit. Ich koche mit dem Chilipulver, das er mir aus seinem Urlaub in Ägypten mitgebracht hat. Ich sehe Daniel kurz und sein Bild verschwindet wieder. Ich ziehe seinen Pullover an.
   Am Anfang, als er nach Frankfurt umgezogen war, hat er mich öfters besucht. Ich durfte keine Anmerkung zu seinen Kleidern machen, denn dann rastete er voll aus. Die Hose und das Hemd hat er so angezogen wie er sie von der Wäscheleine genommen hatte. Wie gerne hätte ich jetzt, dass er wiederkommt,
seine Schuhe auszieht und ich würde seine Hose bügeln und das Hemd.

Wenn ich ihm in dieser Hinsicht helfen wollte, musste ich sehr vorsichtig sein, so als ob es sich um eine banale, kaum der Rede werte Sache handeln würde.
„Daniel, ich bügele gerade meine Sachen, gib mir bitte

deine Hosen, die bügele ich mit", sagte ich dann immer.
„Lass mich in Ruhe, die Hosen sind doch okay!", ist er ausgerastet. „Ich habe wichtigere Sachen zu tun, als die Hosen zu bügeln. Ich komme nie wieder hier her."
Ich wartete dann ein paar Minuten bis er sich ein bisschen beruhigt hat und konnte ihn überreden, die Hose bügeln zu lassen. Ich habe ihm ein Bügelbrett mit Bügeleisen geschenkt. Das Brett diente aber, als ihn das erste Mal in Frankfurt besucht habe, als eine Ablage für
Rechnungen, verschmutze Teller, Kontoauszüge. Auf dem Esstisch, in den Küchenschränken, in den Schubladen, gab es keinen freien Platz mehr.

Als er die Arbeit bei seiner letzten Arbeitsstelle gekündigt hat, habe ich mit seinem Chef gesprochen. Er sagte mir: „Ich verstehe das nicht. Als wir voll im Stress waren, die neuen Aufträge zu bekommen, hat er geschafft und geschafft.
Als es bei uns dann ruhig geworden war, weil die Aufträge uns sicher waren, hat er sich total geändert. An einem Tag hat er nur geschimpft, an dem anderen war froh, dass er bei uns arbeitet. Er hat schon ein paar Mal gekündigt und ist dann am nächsten Tag wieder zur Arbeit gekommen. Er hat sich auch unglücklich in

eine Mitarbeiterin verliebt."

Ich habe mich bei Facebook angemeldet, um Spuren von Daniel im Internet zu suchen. Er war seit 2010 bei Facebook angemeldet. Mit freundlichen Bildern und Kommentaren über Frankfurter Kneipen, Fußball, Autos kommunizierte er mit seinen 114 Facebook-Bekannten.
Ab 2014 wurden die Bilder immer düsterer: Es waren die nächtlichen,
dunklen Straßen von Frankfurt zu sehen mit ihm im Vordergrund.
Seit Januar 2014 hat er nichts auf Facebook geschrieben.
Ein letzter Eintrag auf seiner Seite im Juni 2015 stammte von einer Frau.
Sie schrieb: „Herzliches Beileid.
Danke Daniel, dass du für mich da warst."
Ich habe sie gefragt: „Waren Sie auch für Daniel da, oder haben Sie ihn nur ausgenutzt?"
„Er hat in meinem Laden geputzt und mir beim Umzug geholfen. Dafür gab es leckeres Essen", hat sie mir zurückgeschrieben.
Geputzt, habe ich gedacht. Das war doch als er in der Abendschule seinen Realabschluss gemacht hat.

Im Sommer 2006 kam Daniel dann nach Hause, strahlte über das ganze Gesicht und sagte: „Papa, ich habe eine Stelle
bei TRW, als Lagerist."
„Das ist ja super", habe ich mich gefreut.
Es ging ihm gut in dieser Zeit. Er hat 1300 Euro netto verdient, manchmal 1600 Euro, wenn er noch Überstunden machte.
Wir haben noch zusammengewohnt, er hat aber schon nach einer eigenen Wohnung geschaut. Eine seiner Discobekannten, eine attraktive junge Frau suchte einen Untermieter. Er hat sich wahrscheinlich mehr von der Bekanntschaft versprochen, denn eines Tages sagte er mir enttäuscht: „Die steht nur auf Schwarze."
Ich besuchte ihn öfters in seiner Wohnung. Er hatte ein schönes Zimmer,
mit Fensterblick auf die Bäume vor dem Haus. In der Küche gab es keine Spüle. Verschmutztes Geschirr, Pfannen und Besteck weichten im Wasser in der Badewanne ein.
„Kann ich ihr Zimmer sehen?", fragte ich ihn.
„Nee, darfst du nicht, Papa. Weiß du, wie das da aussieht?
Die hat mehrere Zwerghasen und die hüpfen in ihrem Zimmer überall rum.
Die Couch, der Boden, da ist alles verkackt."

„Na toll", antwortete ich.
Nach ein paar Monaten wurde der Frau gekündigt und Daniel ist in eine Zwei zimmerwohnung eingezogen.
Er ging jeden Samstag in die Disco, nicht zu Fuß wie früher, er leistete sich ein Taxi, hin und zurück. Ich habe sogar erfahren,
dass er sich eine erotische Massage für 200 Euro gegönnt hat.
„Was ist mit deinem Zahn passiert?", habe ich ihn gefragt,
als er zu mir kam.
Oben links war eine Zahnlücke zu sehen.
„Ich stand in der Disco neben einer Frau, die einen Bierkrug in der Hand hatte.
Sie hat gelacht und gestikuliert, sich mit den anderen Frauen unterhalten. Plötzlich schwenkte sie den Krug nach oben und hat meinen Zahn getroffen. Ich will mir ein Implantat einsetzen lassen."
„Wie willst du das bezahlen?", habe ich ihn gefragt.
„Das kostet mindestens ein-tausend Euro".
„Ich nehme einen Kredit auf."
„Toll."
Er hat später tatsächlich einen Kredit aufgenommen und ich habe den abgezahlt.
2008 ging es dann der Firma nicht so gut. Sie musste sparen und im Herbst hat sie alle Mitarbeiter, die nicht

verheiratet und keine Kinder hatten, entlassen.

Eine Woche später fing Daniel in einem
Fleischverarbeitungsbetrieb in Großostheim
zu arbeiten an, von 6 bis 14 Uhr. Er wollte mit dem
Fahrrad zur Arbeit fahren,
aber ich habe gesagt: „Daniel, da gibt es keinen
Fahrradweg.
Weißt du wie voll die Großostheimer Straße um die
Zeit ist?
Da ist doch die Firma Petri, um diese Zeit ist noch
dunkel und hunderte Autos
fahren dort hin. Die machen dich platt."
Er hat es zwei Monate da ausgehalten.
„Ich kann das nicht mehr", erzählte er mir „Acht
Stunden am Tag die Schweine auseinanderschneiden,
für acht Euro die Stunde. Ich suche mir was anderes."
Er fing eine Ausbildung in einer Gaststätte in
Johannesberg an.
Als die dreimonatige Probezeit fast
zu Ende war, habe ich ihn nach Feierabend abgeholt.
Ich wartete vor der Gaststätte, und er kam raus
mit einem Eimer voll Kartoffelschalen.
„Bist du fertig?"
„Nein, noch nicht, ich muss noch in der Küche
saubermachen.

Aber weißt du was? Der Chef hat erzählt, dass nächste Woche ein Neuer eine Ausbildung beginnt. ‚Der ist aber schnell und gut', sagte er noch."
„Okay, Daniel, dann schmeiße deinen Kittel in die Küche und komm," habe ich gesagt.
„Wir fahren nach Hause."
„Aber ich bin noch nicht fertig."
„Macht nichts, die stellen doch den anderen ein", habe ich gesagt.
Ein paar Tage später, hat Daniel seine Beurteilung vom Besitzer der Gaststätte bekommen.
Es stand da: „Nicht geeignet für die Arbeit in einem Gastronomiebetrieb.
Viel zu langsam und unkoordiniert erledigt er seine Aufgaben."

Nach paar Wochen sagte Daniel:
„Ich will nach Frankfurt umziehen. Da habe ich mehr Chancen, eine Arbeit zu finden. Kannst du mir helfen, eine Wohnung zu suchen?"
„Na klar", habe ich gesagt.
Wir haben uns bei mehreren Maklern angemeldet und fuhren jedes Wochenende nach Frankfurt.
Als wir in die Wohnungen kamen, standen schon viele Personen da,
die diese Wohnung haben wollten.

Daniel musste ein Formular ausfüllen. Die wichtigste Frage war nach dem Beruf.
Er hatte keine Chance als Arbeitsloser eine Wohnung zu bekommen.p
Ich habe dann angefangen, als Rentner nach einer Wohnung zu suchen.
Ich bekam gleich eine Wohnung, als ich zu dem Vermieter gesagt habe:
„Ich wohne in Aschaffenburg, muss aber öfters nach Frankfurt zu Konferenzen,
die oft erst nachts enden,
und ich möchte dann in Frankfurt übernachten."
Ein paar Wochen später hat mich der Vermieter angerufen und gefragt:
„Wer wohnt in der Wohnung, Sie oder Ihr Sohn?"
Ich habe gesagt, dass ich die Wohnung doch nicht so oft brauche, wie ich dachte.
„Mein Sohn wollte von Aschaffenburg nach Frankfurt umziehen, da habe ich ihm die Wohnung gegeben.
Natürlich hafte ich finanziell weiter für die Wohnung."
Der Vermieter hat sich damit zufriedengegeben und Daniel hatte eine schöne Wohnung mit einer riesigen Terrasse, einem großen hellen Bad und einer schönen Küche.
Die Wohnung lag im Grünen in Frankfurt-Hausen.
Nicht weit entfernt war die Autobahn A66 zu hören,

das stört die jungen Leute aber wenig.

2009 hat Daniel bei McDonald's eine Stelle bekommen, auf der Zeil, – der Straße wo Menschen aus allen Nationen der Erde vorbeilaufen . Er war stolz auf seinen neuen Job, machte ihn gerne und hat mir immer wieder von den Aufstiegsmöglichkeiten bei McDonald's erzählt:
„Du kannst immer weiter aufsteigen."
Ich ging ab und zu, wenn ich in Frankfurt war, dort hi, um etwas Kleines zu essen und ich habe gesehen, dass er gerne in dem irrwarr mit den Kollegen arbeitete.
Er ging oft in die Commerzbankarena, um sich die Spiele der Eintracht anzuschauen. Er schrieb auf Facebook, dass er in einer festen Beziehung sei.
Schade, dass ich seine damalige Freundin nie gesehen habe.
Nach einem Jahr hatte er ein Schreiben von McDonald's bekommen. Ihm wurde mitgeteilt, dass er nicht
zu dem Team passe.
„Dabei, wenn jemand Englisch sprach, haben die ihn immer zu mir geschickt,
weil die kein Englisch konnten", hat er tief enttäuscht gesagt.

Ich habe mehrmals versucht ihm zu zeigen, wie man zum Beispiel Zwiebeln schneidet. „Die Messerklinge muss auf dem Zeigefinger schleifen und mit der rechten Hand machst du zack, zack, zack, wie ein Specht, wenn er auf den Baum hackt", habe ich gesagt.
Er konnte das aber nicht.
Er konnte nicht die Bewegungen der rechten und linken Hand koordinieren. So was fällt im täglichen Leben nicht auf, aber eben, wenn das bei der Arbeit verlangt wird.
Ich habe ihm einen Werkzeugkasten gekauft, falls er zu Hause einen Schraubenzieher braucht, aber er hat ihn die ganzen Jahre über nicht einmal geöffnet. Er konnte mit den Werkzeugen nichts anfangen.

Daniel hat sich dann bei einer Zeitfirma angemeldet. Seine Einsatzorte haben ständig gewechselt. Er war mal bei Rewe die Regale auffüllen, dann in dem einen oder anderen Lager aushelfen und oft putzen bei verschiedenen Firmen.
„Papa, ich mache die mittlere Reife in der Abendschule",
sagte er mir eines Tages.
Ich habe mich riesig gefreut, hatte aber Zweifel, ob er das schafft.

Wir haben uns länger nicht gesehen. Ich wusste nur,
dass er bei Cargo im Flughafen arbeitet. Ich habe bei
Lufthansa gearbeitet und sah manchmal die Leute von
Cargo, wenn sie in die Kantine zum Mittagessen
kamen. „Palettentiger", hießen die auch im Lufthansa-
Jargon. Arbeit bei Cargo, das ist Stress pur.
Zwischen den Fließbändern voll bepackt mit Paketen,
rollen die Gabelstapler. An jeder Stelle stehen Kisten,
Autos, Papageien, Turnierpferde, teuerste Sportwagen
für die Scheichs, die bald in das Flugzeug geladen
werden müssen.

Im Winter 2011 ruft mich Daniel an: „Papa ‚ich habe
mir den Fuß gebrochen, kannst du mich abholen? Ich
bin im Krankenhaus."
Ich bin nach Frankfurt gefahren. Er stand vor dem
Krankenhaus bei frostigem Wetter nur im Hemd und
stützte sich auf die Krücken.
„Ist dir nicht kalt?"
„Nee, ich warte schon eine halbe Stunde hier."
„Wie ist das passiert?"
„Ich stand hinter einem Gabelstapler, habe mich mit
einem Kollegen unterhalten und der
Staplerfahrer ist rückwärts auf meinen Fuß drauf

gefahren. Ich habe gedacht, einer ist auf meinen Schuh drauf getreten und ich wollte schon sagen: ‚Geh von meinem Fuß.'
Es war Glück, dass ich die Sicherheitsschuhe anhatte."
Ich habe ihn nach Hause gefahren, bin dann zum Aldi gegangen und habe ihm Essen für zwei Wochen eingekauft.
Nach einer Woche kam die Kündigung von Cargo. Er würde festangestellt nach einer sechsmonatigen Probezeit. Der Unfall ist aber zwei Wochen vor dem Ablauf der sechsmonatigen Frist passiert. Er wurde entlassen.
„Das können die doch mit mir nicht machen", sagte Daniel wütend und enttäuscht.
„Willst du dich nicht wehren? Das ist doch eindeutig die Schuld des Staplerfahrers?"
„Nee, ich habe mit ihm gesprochen. Er hat zwei kleine Kinder, seine Frau kann nicht arbeiten.
Sie würden ihn entlassen und mir würde das auch nicht helfen", sagte Daniel.
Daniel wollte sich arbeitslos melden und wir sind zum Arbeitsamt gefahren.
Er kam aus dem Arbeitsamt und ich habe ihn gefragt: „Alles klar?"
„Nein. Ich habe gesagt, dass ich die Schule weitermachen will.

Da haben sie gesagt, dass sie dafür nicht zuständig sind."
„Wovon willst du denn leben, Daniel? Du musst dich doch arbeitslos melden.
Schule, das ist deine private Sache."
Er ging rein und hat sich arbeitslos gemeldet.
In der Zeit hat er die Schule weitergemacht. Er ist auf den Krücken zum Unterricht gelaufen. Die Gehwege waren rutschig, es lag Schnee und Eis. Ich habe an die Krücken Anti-Rutsch-Eisen montiert, weil er einmal schon ausgerutscht war. Das hatte mir seine Nachbarin gesagt, denn er würde mir so was nicht erzählen.

Im Jahr 2012 hat Daniel die Mittlere Reife geschafft und mir stolz sein Zeugnis gezeigt.
Das hat ihn wieder an die Oberfläche gebracht, nach all den Misserfolgen.
Bis dahin hat er nur Absagen gesammelt: „Nicht geeignet, zu langsam, nicht teamfähig."
In seinem Inneren saß noch die Demütigung der Sonderschule: nicht zu den normalen Kindern zu gehören. Jetzt fühlte er sich den anderen Kindern gleichwertig.
„Das haben nur ein paar aus meiner Hauptschule geschafft", sagte er zu mir.
„Ich bin stolz auf dich, Daniel."

Wir saßen draußen und wie gewöhnlich haben wir nicht viel gesprochen, aber die Nähe zueinander genossen.
„Es war schön früher, als wir zusammengewohnt haben", sagte er. Wir hatten zusammen am Abend Fernsehen geschaut."
„Weißt du Papa, ich würde gerne noch irgendwann nach Florida fliegen. Kannst du dich noch erinnern, als wir beide gegen einen Mann und seine Tochter Basketball gespielt haben?"
„Na klar, wir haben verloren, das ist aber in Amerika ein Nationalsport, die spielen das sehr oft und wir haben das erste Mal zusammen gespielt.
Kannst du dich an die Bodybuilder im Hotel erinnern? Da gab es einen Wettbewerb. Wir sind in den Aufzug rein gegangen und da standen diese Zwei-Meter-Schränke. So einen Berg von Muskeln habe ich noch nie gesehen. Vielleicht schaffen wir es noch mal nach Florida. Obwohl du ja weißt, als Rentner habe ich nur die Hälfte des Geldes, das ich früher verdient habe."

In der Zeitarbeitsfirma hat er oft bei verschiedenen Firmen auch geputzt. Eine davon, die Firma Pulito, hat ihn dann fest angestellt.

Er hat erst vor kurzem seinen Führerschein gemacht. .

2013 hat er mich gefragt, ob er mit meinem Auto
versuchen kann, ein bisschen zu fahren. Ich habe
gesagt:
„Okay, uns darf aber keiner sehen."
Wir sind zum Industriegebiet gefahren, Daniel setzte
sich ans Steuer, hat den Motor angelassen,
den ersten Gang eingeschaltet und die Kupplung
losgelassen. Der Wagen sprang nach vorne und blieb
stehen.
Nach mehreren Versuchen hat er es geschafft im
zweiten Gang um die Ecke zu fahren.
„Das ist nur so, wenn ich irgendwann einen
Führerschein machen würde, wüsste ich, wie man Auto
fährt", sagte er. Es vergingen ein paar Monate, Daniel
kam zu mir:
„Hallo Papa, ich habe den Führerschein gemacht."
„Na, das ist ein Ding, Mensch! Das freut mich aber,
Daniel. Wieso hast du nichts davon erzählt, dass du den
Führerschein machst?"
„Ich wollte dich überraschen."
„Wie hast du den bezahlt?"
„Der Chef hat den bezahlt."
Dann hat er seinen Freund angerufen. Sie wollten sich
treffen und zusammen was trinken.

Später als ich seine Wohnung räumen musste, habe ich

die Unterlagen von einem Kredit über 2600 Euro gefunden, von dem
er seit einem Jahr 100 Euro im Monat abzahlte.
Das war doch die Summe, die er für den Führerschein bezahlt hat. Wieso hat er mich nicht gefragt, ob ich ihm helfen kann?
Von den 1150 Euro netto gingen 435 für die Wohnung drauf, Strom 40, Telefon 50, GEZ 15, S-Bahn 200 und Kredit 100.
Es blieben ihm im Monat 310 Euro.

Er hat immer mehr Aufgaben auf sich genommen, als er bewältigen konnte.
Er wusste instinktiv, dass es die einzige Chance war den Job als Putzfrauenverwalter zu behalten, wenn er das leistet wofür die anderen nicht bereit waren. Aber je mehr Aufgaben er auf sich genommen habe, desto mehr versank er im Chaos und seine Wohnung auch.
„Ich fahre mit den Taschen mal nach Köln, dann nach Niedernberg oder auch nach Mannheim. Ich muss oft umsteigen. Wenn ein Zug sich verspätet habe schon viel Zeit verloren, weil der nächste Anschlusszug kommt mal eine Stunde später", sagte er.
„Wie soll ich dann auch noch zu Hause putzen?"

Er guckte in die Regale und die eingeordneten
Kontoauszüge, nicht bezahlte Rechnungen und einen
Kreditvertrag lag an und fragte mich
„Was hast du da geschnüffelt?"
„Daniel ich habe nicht geschnüffelt, ich habe bloß das
ganze Papier Kramm geordnet,
die Kontoauszüge in einen Ordner, die
Arbeitsunterlagen in den anderen.
Übrigens, wieso hast du einen Kredit aufgenommen?"
„Musste ich voll".

Ich habe mir immer wieder aufs Neue die Stelle, wo
Daniel ums Leben kam, bei Google Maps angeschaut.
Wenn er den letzten Monat nur zu Fuß gelaufen ist,
dann hat er bestimmt eine Abkürzung genommen.
In Daniels Handy habe ich mir seine letzten Anrufe
angeschaut. Eine davon stammte von einer Putzfirma.
Ich habe die Nummer angerufen und gesagt:
„Ich bin Daniel Kuliks Vater. Mein Sohn hat sich bei

Ihnen nach einer Arbeitsstelle als Objektmanager erkundigt. Können Sie mir sagen, ob er die Stelle bekommen hätte?"
„Ja, er hat sich aber nicht mehr gemeldet, aber warum fragen Sie?"
„Daniel ist ums Leben gekommen. Ich wollte es nur wissen."
„Herzliches Beileid. Es tut mir leid."
Am nächsten Tag hat mich eine Frau von einer Bundeswehrstelle angerufen.
„Sind Sie Daniels Vater?", hat sie mich gefragt.
„Ja, warum?"
„Daniel wollte bei uns zu arbeiten anfangen. Ich kann ihn seit ein paar Tagen nicht erreichen. Können Sie ihm ausrichten, dass er sich bei mir meldet?"
„Daniel ist am 29. Mai ums Leben gekommen."
„Das tut mir sehr leid. Herzliches Beileid."

Ich habe daraufhin erst recht daan gezweifelt, ob Daniel sich das eben genommen hat. Es kann doch nicht sein:
Er hat sich am Samstag mit Jörg verabredet, sich intensiv und erfolgreich um neue Arbeitsstellen beworben.
Am nächsten Tag bin ich mit meiner Lebensgefährtin Ulli nach Frankfurt gefahren, um die Strecke, wo

Daniel gelaufen ist, selbst abzulaufen.
Wir gingen noch einmal durch den Park. Wir sind nach rechts auf den Gehweg abgebogen, aber als ich nach links schaute, sah ich die Autobahnbrücke.
„Moment, da ist doch die Abkürzung. Wenn du gerade unter der Brücke über die Schienen gehst, bist du gleich auf der anderen Seite", habe ich gesagt.
Wir gingen an die Schienen ganz nah ran.
Vor den Schienen lag ein Schild mit Namen und Todesdatum eines jungen Mannes, der hier vor einem halben Jahr umgekommen ist. Ein paar Kerzen und verwelkte Blumen lagen vor seinem Bild.
„Ich denke, Daniel wollte auch hier durchlaufen", sagte ich. Wir standen an der Stelle und dachten an Daniel. Plötzlich wie aus dem Nichts raste vor uns ein Zug. Sein Ankommen haben wir gar nicht gehört, denn bis zu der Brücke war der Park und die anliegenden Häuser durch eine Lärmwand geschützt.
Jetzt habe ich verstanden. Daniel war in Eile, es war 7 Uhr 55.
Daniel wacht um 7 Uhr 30 auf.
„Mensch ich habe verschlafen", denkt er und gerät in Panik. „Ich muss doch um 8 Uhr 30 bei der Frau Hendke sein.
Ich brauche diesen Job bei der Bundeswehr. Das Konto ist schon 1350 Euro im Minus. Die Kreditrate muss ich

noch zahlen. Wenn ich den Job nicht kriege, kann ich die Miete nicht bezahlen". Er schaut in seinen Geldbeutel,
es sind nur noch 10 Euro da. „Heute ist der 29. und es sind noch paar Tage bis ich meinen letzten Gehalt kriege. Ich muss laufen, die 6 Euro 60 für die Fahrkarte kann ich mir nicht leisten", denkt er
„Wo ist das Handy?", fragt er sich. Er zieht sich schnell an, nimmt seine Unterlagen und rennt aus dem Haus. Er schaut auf das Handy, es ist schon 7 Uhr 45. „Ich muss schneller laufen. Da durch die Unterführung brauche ich 5 Minuten mehr, ich laufe unter der Brücke durch." Er schaut rechts, es ist kein Zug da, links sind die Gleise bis zu der Brücke mit einer Lärmmauer verdeckt, es ist nichts zu sehen. Er springt auf die mit Steinen aufgeschüttete Erhöhung, auf der die Schienen liegen.
Der Schnellzug kommt wie aus dem Nichts von links, sichtbar für ihn erst als er auf den Schienen ist. Der Zug erfasst ihn und schleudert ihn 100 Meter weiter. Er wirft ihn mit zertrümmertem Gesicht, zerbrochenem Körper, gebrochenen Händen und Beinen auf die Seite ab.

Sein Gesicht war bis zur Unkenntlichkeit zerstört. Er wurde in einer Unfallhülle in den Sarg gelegt.

Deswegen hat die Polizei gedacht, dass er ein Selbstmord begangen hat, weil sein Körper 100 Meter weit von der Brücke gefunden wurde. Dort war kein Durchkommen auf die Gleise wegen der dichten Büsche möglich.
Kurz vor seinem Begräbnis kam ein Brief von der Polizei. Am Ende des Briefes stand da wörtlich, dass das ein Selbstmord oder ein Unfall war, und nicht um 5 Uhr 55, sondern um 7 Uhr 55.
Das bedeutete: Die Frau in der Polizeizentrale, die mit mir gesprochen hatte und die beiden Polizisten, die zu mir gekommen waren, um mir von Daniels Tod zu berichten, hatten sich nicht einmal die Mühe gemacht, den polizeilichen Bericht durchzulesen. Sie hatten nur die ersten Zeilen des Berichts durchgelesen und mir gesagt, dass es ein Selbstmord war. Diese neue Erkenntnis war eine Erleichterung für mich. In den Wochen zuvor habe ich mir ständig Vorwürfe gemacht, dass ich seinen Tod nicht hatte verhindern können. Ich habe mich ständig gefragt, was ich falsch gemacht habe.

Er ist also den ganzen Mai nur zu Fuß durch Frankfurt gelaufen, um die 6,60 Euro für die Bahn zu sparen. So lange wie er in Frankfurt gewohnt hatte, hatte er nicht einmal die Heizung zu Hause angemacht.

Als ich ihn einmal im Winter besucht habe, sagte ich nach einer halben Stunde:
„Daniel, mir zu kalt, ich kann es schon nicht mehr aushalten. Frierst du nicht?"
„Nee, ich habe warme Decken", sagte er, „ich kriege am Ende des Jahres 400 Euro Heizkosten zurück."
Sein Vermieter hat alle Messröhrchen an den Heizungen ausgewechselt, denn er hatte bis dahin keinen Mieter, der ohne Heizung im Winter zu Hause saß.
Wie leicht hatten es im Vergleich zu Daniel die Kinder, die ihren direkten Weg aus der Schule zur Lehrstelle gehen, eine Anstellung mit festem Lohn bekommen, von dem man leben kann.
Vier Monate sind schon vergangen und mir wird es nicht leichter ums Herz.

Ich werde dieses Jahr wieder auf den Weihnachtsmarkt
 auf den Römer gehen
 und da warten, vielleicht kommst du lächelnd
 und wir umarmen uns.
 Wenn du nicht kommst,
 werde ich auf die Zeil gehen
 und zwischen den Leuten
 vielleicht dich so wie früher

in der Ferne sehen.
Wenn nicht,
werde ich zu Hause bis in die Nacht
auf dich warten
auf den Parkplatz schauen
und hoffen, dass da dein Auto steht.
Wenn du nicht kommst,
werde ich wieder zu deinem Grab gehen
und mit dir sprechen.
Daniel Moj synu kochany, syneczku.
„Daniel, mein lieber Sohn, Söhnchen".

Herstellung und Verlag:
BoD - Books on Demand, Norderstedt
ISBN 978-3-7392-2585-2